2/17

Leer este esc... hecho entender lo valios... mic... sum... dad... igo una pod... miento y re...

R... ción au-
tént... el terror,
pero... e super-
vive... trascen-
dent... cisiones
por... ntos des-
sesp...

A ROIG,
L LIBRO
ATADOS

"Cons... e para
tanta... s tipos
de m... s para
mane...

Es... tificar,
anali... vierte
cada... del Es-
píritu... ecer y
prepararse para el ministerio.

El libro es fuerte y afilado. Sus palabras penetran profundo y ayudan al lector a abrirse y sanar también. Pone en perspectiva la oportunidad que Dios nos da cada día para decidir creer, confiar, levantarnos y continuar viviendo. Es como una inyección de fortaleza y determinación para no rendirse no importa qué.

También confronta con la imperiosa necesidad de agradecer, valorar y disfrutar de todo lo que Dios nos ha dado porque no sabemos por cuánto tiempo lo tendremos. Definitivamente, detrás de este testimonio, vemos la mano delicada y médica del Señor operando en el corazón de cada lector. Mis más profundas felicitaciones a Laura Mercado".

—Rvda. Marta Ramírez de Cruz,
Primera Iglesia Cristiana (Discípulos de Cristo)
en Vega Alta, PR

"En *Ya perdí suficiente,* Laura Mercado nos sumerge en un viaje preciso y precioso. En diversas etapas del periplo el dolor se hace presente, pero no logra imponer su monarquía porque mil rayos de esperanza disipan las tinieblas de la aflicción. Este libro vuelve a demostrarnos que cuando la vida nos presenta mil razones para llorar, podemos demostrarle que hay mil y una para reír.

Te recomiendo fervientemente la lectura de este libro, en la seguridad de que cuando lo concluyas sentirás que has crecido. Gracias Laura Mercado, por este precioso legado, espero y deseo que no sea el último".

—José Luis Navajo,
autor de *Un verano en Villa Fe*

"En su libro *Ya perdí suficiente,* Laura se expone al crisol del lector, al punto de perder el sentido de la confidencialidad del pasado, pero no con el afán de ser reconocida, ni mucho menos para que la historia la ubique en la lista de las mujeres que más han sufrido en el mundo. Sólo lo hace porque ha entendido perfectamente el proceso del dolor y la pérdida como parte del peregrinar humano.

Su clara sencillez y su honestidad al narrar sus vivencias la llevan a testificar de una gran verdad. Ella está de pie con una extraordinaria solvencia emocional como resultado de la gracia y el amor de Dios que la ha acompañado. Leer su historia te identificará con ella. Conocer sus pérdidas y sufrimientos te harán entender que no vas solo o sola por el valle de la desesperanza, sino que el mismo Dios que acompañó a Laura también estará contigo. Disfruta su lectura".

—Rev. Moisés Román Díaz
Pastor rector, Iglesia Evangélica ministerio Sanador
Río Piedras, Puerto Rico

"Leer este libro fue de una espectacular enseñanza. En cada capítulo me brotaban las lágrimas. Cómo era posible que una vida de la envergadura, los logros y los éxitos de Laura haya sido tan dolorosa desde su niñez. Ser herida de tantas formas, y sin embargo, ver el cuidado y la protección del Señor en cada momento.

Dios fue al encuentro de Laura y entonces ella experimentó el perdón del Señor para así poder perdonar a sus ofensores. El perdón es la acción de liberar a alguien de una obligación para con usted como resultado de una mala acción que lo perjudicó. Perdonar significa liberarnos de las emociones que nos bloquean y nos impiden avanzar.

Aunque las situaciones difíciles marcaron su vida, Laura no juzgó ni se enojó con Dios. Ella sabía que Él tenía un propósito con cada pérdida. Ese es el fruto de este libro: 'Consolar a otros con la misma consolación con la que Laura fue consolada'".

—Elizabeth Rosado de Guidini,
pastora, Iglesia El Sendero de la Cruz,
Hato Rey, PR

"Desde que comencé mi pastorado en el 1983 he trabajado y ministrado a miles de mujeres, dentro y fuera de Puerto Rico. He visto y discernido el gran potencial que hay en ellas pero también el dolor, las heridas y los múltiples traumas que algunas cargan y que les impiden verse como Dios las ve. El libro de Laura es un testimonio real de lo que Dios puede y desea hacer en cada una de nosotras, si le damos la oportunidad. En un lenguaje ameno, sencillo y poderoso, esta gran mujer, abre su corazón y de manera amorosa comparte sus experiencias con el fin de que usted sepa que a pesar de las pérdidas y del sufrimiento, hay esperanza. Dios tomó los pedazos de su vida y ha creado una vasija de honra para su gloria. Lo mismo desea hacer por usted. Es mi anhelo que este libro pueda ser leído por miles de mujeres, que como Laura, necesitan y desean ser sanadas, transformadas, restauradas y utilizadas por nuestro Padre celestial. Laura se ha levantado para resplandecer (Isaías 60:1), y usted también lo logrará, en el nombre de Jesús".

—Wanda Rolón, escritora, pastora fundadora de Tabernáculo de Alabanza y Restauración La Senda Antigua, en Toa Alta, PR y presidenta de CTNi.

YA PERDÍ

suficiente

YA PERDÍ
Suficiente

LAURA MERCADO

CASA
CREACIÓN

Edición por: Gisela Sawin
Diseño de portada por: Lisa Rae McClure
Director de Diseño: Justin Evans

Library of Congress Control Number: 2016946161
ISBN: 978-1-62998-845-0
E-Book ISBN: 978-1-62998-987-7

Impreso en Estados Unidos de América
16 17 18 19 20 * 6 5 4 3 2 1

DEDICATORIA

A TI, PADRE ETERNO, por tu fidelidad. Por rodearme de la gente indicada en mis momentos de aflicción y vulnerabilidad. Por tu provisión y generosidad. Por perdonar mi rebelión, ignorar mi terquedad y tener de mí misericordia. Por tu Espíritu Santo que es consuelo a mi vida. Por tu hijo Jesús que murió por mi redención y salvación. Por darme la oportunidad de testificar de tus maravillas. ¡A ti la gloria, la honra y el honor!

A Mami

Por haberme dejado el hermoso legado del Evangelio que me da vida y esperanza. Por haber sido ejemplo de humildad, superación y decencia. Porque no nos queda duda de que nos amó hasta lo sumo, haciendo todo lo que estuvo a su alcance para que estuviésemos bien aún dentro de las circunstancias que nos tocó vivir. Nos modeló a Cristo en todo, dejándonos un testimonio que nos queda grande. Por haber creído en mí apoyando todos mis sueños que hoy se hacen realidad. ¡Qué bueno que tendremos esa mañana gloriosa de resurrección!

A mi Juan

Mi esposo, mi confidente, mi cómplice. ¡Nadie como mi gordo! Mi roca y mi columna vertebral. Mi sentido común, mi buen juicio y mi cable a tierra. El tipo de hombre que toda mujer merece tener. El que ama, protege, provee y cuida. También el que te admira, respeta y apoya. El hombre que me animó a escribir este libro. El que me despertó una madrugada de febrero del 2014 a las 4:00 a. m. con una taza de café en la mano diciendo: "Mamá ven, para que te pongas a escribir". Doy gloria a ti, Padre celestial, por su vida en la mía. Gracias por permitirnos fundirnos en esos dos retoños siendo complemento y equivalente el uno del otro. Gracias por tantos tratados de paz sellados con un beso. Gracias porque le permitiste conocer de ti y tener sus propias experiencias contigo. Gracias por dejarnos ser marcadas para siempre con el modelo de lo que un hombre y un esposo debe ser. Mi mamá en esto se equivocó: no todos los hombres son iguales. Ha seguido pasando el tiempo, amor. Ya nos falta menos.

A Laura Andrea

Desde que llegaste mi vida se llenó de alegría y susto. Al fin hablé el mismo idioma que Mami. Me creo pediatra, maestra, decoradora, sicóloga, guardaespaldas experta en artes marciales, peluquera, artesana y muralista. Ahora me gusta el fucsia y el rosado. Me importa la seguridad, la educación y los valores. Con tu nacimiento se me agudizaron todos los sentidos. Creo poder ver gérmenes a simple vista y escuchar a largas distancias. Todo por ti, Laly. Soy mejor en todo desde que llegaste. Gracias por darme tantas satisfacciones. ¡Te amo! Eres muchísimo más de lo que soñé.

A Paula Isabel

La persona más graciosa e intensa que conozco. Al igual que a tu hermana, te admiro y te respeto. Veo a Dios en ti. Eres gozo, luz y consuelo a mi vida. Gracias por inspirarme y confrontarme. Me presionas a ser mejor cristiana, mejor mujer y mejor madre. Gracias por tus "ritas" (masajitos) cuando la espalda se me parte. Por ser la voz de Dios tantas veces. Tu llamado pastoral es tan fuerte que me he visto convertida en tu primera oveja. Gracias por tu amor incondicional, Cookie. Mami te ama. Dios ha sido más que generoso conmigo, no te merezco hija.

AGRADECIMIENTOS

AMI PASTOR RECTOR, Dr. Mizraim Esquilín, pastora Rebeca Parrilla, Wilmarie Leduc y todo el cuerpo pastoral y hermanos de mi congregación AMEC, CDA, por el apoyo y los cuidados. A 104.1 Redentor, a la Junta Directiva, al Gerente general Rev. Jesús Rivera, a la Gerente administrativa Omayra Martínez, Karen Meléndez y todos mis compañeros de milicia. Han sido muchas las batallas que hemos librado juntos. Gracias por su amor, comprensión y respaldo.

A mi querida Marie Tamayo Griffin y Expolit Internacional por animarme a escribir. Marie, eres de bendición a la vida de muchos. A mis amigos de Casa Creación por el voto de confianza. A la Rvda. Marta Ramírez de Cruz y a los pastores Luis y Cynthia Roig por decir: "Sí". Son provisión de Dios para mi vida. A mi querida Dra. Norma Pantojas por ser tan dulce y empática; no tengo palabras para agradecerte toda la ayuda, Norma. A Celi Marrero por ser una mujer de visión y alcance. Al Dr. William Ruiz y Desma Vélez por su disponibilidad y apoyo. Al pastor José Luis Navajo por ser sensible y accesible. Doy gracias a Dios porque le permitió tener esa noche de desvelo para leer mi manuscrito. A la pastora Elizabeth Rosado de Guidini y a su congregación en la iglesia El Sendero de la

Cruz por todo el cariño que siempre nos han demostrado. ¡Los amamos! También al pastor Moisés Román por decir: "Presente" en los momentos más duros. ¡Glorifico a Dios por sus vidas! Tengo mucho que aprender de ustedes. Reciban mi abrazo eterno.

Por último, pero no menos importante, a mis buenos amigos que han metido la mano en el fuego tantas veces por nosotras. Catherine Sandoval, Yinet Ocacio, Milca Rivera, Delian Reynolds y todos los demás nombres que se me escapan, los bendigo con toda bendición del cielo. A mis hermanos Juany, Julio, Magy, Veny, Frank, Sisy y Luis por siempre estar cerca aunque estemos lejos. Mis primos Glenys, José y familia que salen a mi rescate al primer timbrazo. A Lily y Awilda por ser hermanas-primas y no a la inversa. A todos los demás vecinos, familiares y amigos que me apoyan, cuidan, aman a pesar de conocerme bien, ¡Gracias!

CONTENIDO

PRÓLOGO

ODOS TENEMOS UNA historia y Laura Mercado no es la excepción. La conocí en el año 2004 cuando trabajábamos en una emisora radial y coincidíamos una que otra vez en la estación. Innumerables veces conocemos la parte exterior de la gente, pero desconocemos lo que llevan muy adentro. Esas capas que se van acumulando en el desarrollo de cada vida. Capas que se endurecen con el tiempo y van dejando heridas que quedan grabadas tan profundamente en el corazón que se hace imposible borrar sin la intervención del único Dios que sana nuestras emociones, mientras nos dice que las cosas viejas pasaron y ya todas son hechas nuevas: *"De modo que si alguno está en Cristo, nueva criatura es: las cosas viejas pasaron; todas son hechas nuevas"* (2 Corintios 5:17, RVR95).

Han pasado doce años y nos volvemos a encontrar, ahora con la grata sorpresa de que ha escrito su historia y me ha concedido el honor de prologar lo que ha sido su vida. Mientras leo su relato que sale desde lo más íntimo de su ser, he podido escuchar su corazón hablar y he conocido la Laura que se escondía detrás de trescientas libras de peso. ¿Por qué es importante señalar que la conocí cuando pesaba trescientas libras? Porque aunque no conocía lo que he descubierto después de leer su libro, siempre creí que llevaba un peso más grande en su interior que el que demostraba físicamente. Sin embargo, no tuve la oportunidad de intimar con ella como lo hemos hecho actualmente, porque nuestros horarios no coincidían. A veces no podemos imaginar el dolor que se esconde debajo de la piel de muchas personas, pero Dios nos da la oportunidad de conocer a través de testimonios como éste, las grandes dosis de dolor que experimentan muchos seres en su peregrinar por este mundo.

¡Este es el caso de Laura! Viajando a China tomé el manuscrito en mis manos y no pude parar de leerlo hasta que lo terminé. ¡Cuánto dolor, cuánta tragedia en la vida de un solo individuo desde que era una niña! ¡Cuán cruel puede llegar a ser una persona con su propia familia! Pero, a la misma vez, pude ver en este relato cuán grande es la misericordia de Dios cuando nos volvemos a Él y nos sumergimos en su amor. Hoy día, Laura ha perdido todo el exceso de peso físico (no se parece a la que yo conocí), pero también ha perdido el peso emocional que la agobiaba. Está saludable espiritual, física y emocionalmente, y ha podido vencer todas las situaciones adversas y trágicas que ha experimentado. La he visto crecer hasta convertirse en una mujer de fe que no le teme a la adversidad, porque su confianza está centrada en Dios. Debo señalar que mientras ella escribía este libro pasó por la pérdida más grande e inesperada, que la vas a descubrir mientras avanzas en la lectura.

Laura es una historia de superación, es el triunfo de la fe sobre el dolor y la pérdida, es un testimonio vivo de que las pruebas al abrigo de Dios no nos destruyen, nos purifican y forman nuestro carácter. Es un relato que nos demuestra que no hay circunstancia que deje postrados en el sufrimiento a quienes tienen su confianza y su esperanza puestas en Jesucristo. Porque Jesucristo es nuestro Pastor y nada nos faltará. Pero para que Él sea nuestro Pastor, tenemos que pertenecer a su rebaño. Solo en Él encontramos sosiego, alimento, protección y un cuidado especial aún en medio del sufrimiento más punzante.

Con un lenguaje claro, sencillo y sincero, Laura describe sin caer en la morbosidad, los momentos más íntimos y dolorosos de su vida. A través de cada página comprenderás que es imprescindible vivir bajo el cuidado de Dios, porque eso es lo que marca la diferencia en la actitud que asumimos frente a todo lo que nos ocurre inesperadamente. Lo que más importa no es lo que nos pasa sino la actitud que asumimos frente a eso que nos pasa. Por eso, ante una misma circunstancia, unos se derrumban y otros superan la crisis. Para poder mantenernos sanos emocionalmente cuando nos golpea el dolor, es imprescindible depender de Dios. Él es el mayor antídoto contra la ansiedad y la depresión. Él es nuestro Creador y solo Él nos ama y nos cuida incondicionalmente.

Dios no nos promete que estaremos exentos del dolor, pero sí nos promete estar todos los días con nosotros hasta el final cuando reconocemos que hemos pecado, que hemos desobedecido y le pedimos perdón. Cuando nos humillamos delante de su presencia, dejamos de ser rebeldes y le permitimos a Él que nos pastoree, podemos decir como el salmista en el Salmo 23:4 (NTV):

"Aun cuando yo pase
por el valle más oscuro,
no temeré,
porque tú estás a mi lado.
Tu vara y tu cayado
me protegen y me confortan".

Te recomiendo este libro que fortalecerá tu fe y te enseñará que creer en Dios no es suficiente. Es necesaria una entrega total para que Él pueda obrar maravillas en nuestra vida. Finalmente, Laura aprendió a sujetarse a Dios y ahí está su victoria y la de su hogar. De la rebeldía pasó a disfrutar del amor y la comunión con Dios.

¡Dios es maravilloso y en Él hay descanso aún en la tormenta!

Con amor,

—Norma Pantojas
DCC, MC #0981
Consejera de familia

INTRODUCCIÓN

Soy Laura Mercado, una mujer que vive llena de esperanza, madre de dos niñas y locutora de oficio sirviendo en el reino de Jesucristo. Creo firmemente en la veracidad y el poder de la Palabra de Dios. Sé también que Él cumple todo lo que nos promete en ella. He visto de cerca sus misericordias. He sentido el abrazo de su Santo Espíritu. Conozco el efecto de esa anestesia espiritual a la que llaman "paz que sobrepasa todo entendimiento". Sé que Dios tiene un plan delineado para mi vida y que cada uno de los embates que he sufrido, tienen una razón de ser. En ocasiones ha sido solo para hacerme más fuerte. En otras, para tornear mi carácter testarudo y hacerlo semejante al suyo. He sido testigo de muchos milagros de sanidad y también los he vivido en mi propia carne. Testifico a diario acerca de las lecciones aprendidas en cada uno de estos procesos que experimentamos los que sufrimos o hemos sido lastimados, para que no perdamos las esperanzas. Conozco de primera mano lo que es el maltrato, el dolor, la escasez y las pérdidas, tanto físicas como emocionales. Pero no sé lo que es el abandono a pesar de haber creído saborear alguna vez esa sensación de orfandad mientras vivía algunos de estos procesos, descubrí que Dios nunca me había dejado. Cuento con su apoyo y cobertura aún sin merecerlo.

A pesar de la connotación negativa que conlleva la misma palabra "pérdida", en muchas ocasiones hasta ganamos cuando perdemos. Suena paradójico pero es real. Las pérdidas en mi vida han llegado a ser hasta necesarias para poder ser promovida a un grado más alto de madurez tanto emocional como espiritual. Siempre hay una enseñanza detrás de cada pérdida. Si rendimos nuestro dolor al Señor, Él lo utiliza para nuestro beneficio y el de otros. Es la manera que el Alfarero utiliza para transformar cada vasija: quebrando su forma original para darnos una nueva. La Palabra de Dios nos enseña claramente en Jeremías 18:5–6:

> "En ese momento la palabra del Señor vino a mí, y me dijo: "Pueblo de Israel, ¿acaso no puedo hacer con ustedes lo mismo que hace este alfarero con el barro? —afirma el Señor—. Ustedes, pueblo de Israel, son en mis manos como el barro en las manos del alfarero".

Los procesos de quebrantamiento pueden tomar algún tiempo. En algunos casos son temporadas cortas, en otros son periodos que nos parecen eternos. Sin embargo, es innegable que todos los tiempos de quebrantos, algún día terminan, porque todos tienen fecha de expiración aunque algunos pueden ser extremadamente dolorosos. Finalmente, después del dolor, podemos apreciar los resultados y las enseñanzas positivas que produjo el proceso en nuestro ser. Yo soy testigo de que es posible ser sanados, restaurados y transformados por el poder del Maestro y lo podrás comprobar a través de mi historia.

Nací y me crié en los caminos del Señor. En mi adolescencia me pasó lo que a muchos otros: al llegar a cierta a edad, me aparté. La curiosidad, las tentaciones y las presiones del grupo fueron algunas de mis excusas favoritas para justificar mi decisión. Jesús me rescató justo a tiempo y fui bien recibida en sus brazos cuando me arrepentí de todo mi pecado. Me sentí muy amada, perdonada y aceptada por Él. Para poder regresar al redil, sólo tuve que volver a mirar la cruz. Me arrepentí de mis malos caminos y sobretodo me comprometí con Él y su llamado. Estaba más que dispuesta a que su plan fuese cumplido en mi vida. La Palabra de Dios nos enseña en Proverbios 22:6:

"Instruye al niño en el camino correcto, y aun en su vejez no lo abandonará".

En cuanto al plano profesional, desde mi adolescencia, siempre quise tener una carrera como locutora radial. Al crecer, intenté iniciarla en la radio secular, y Dios nunca me lo permitió. Él tenía otros planes con el talento que me había regalado y anhelaba que fuese invertido en su Reino. Cuando fue su perfecta voluntad, ejecutó su plan hábilmente, abriendo todas las puertas necesarias en el ambiente radial cristiano para que yo pudiera cumplir con el llamado. Así opera nuestro Padre. Ahora me dedico a trabajar para la expansión del Reino de Jesucristo predicando y testificando. Llevo el mensaje de salvación y de esperanza a muchos que viven como yo vivía hace tantos años: en sufrimiento, carente del amor, de aceptación de

Dios y experimentando el sentimiento de ser un perdedor o perdedora. A alguien le iba a tocar en medio de su dolor, consolar y animar a otros. ¡Esa fui yo! Lo hago en paz y sonriendo porque conozco bien para quién es que trabajo. Su palabra nos dice en Jeremías 29:11:

"Porque yo sé muy bien los planes que tengo para ustedes —afirma el Señor—, planes de bienestar y no de calamidad, a fin de darles un futuro y una esperanza".

He estado en crisis y en desesperación. Como todos, he sentido miedo y frustración. He tocado fondo más de una vez. He querido rendirme y he querido morirme también. Cuando nos vemos en ese punto de dolor dónde el aturdimiento impera y el buen juicio brilla por su ausencia, Dios sigue estando con nosotros. Aunque en el momento no creamos hallar el consuelo, si ponemos la mirada en Cristo, a su tiempo Él se manifestará.

Me he dedicado a llevar este mensaje por los pasados dieciocho años a través de la radio. Hoy me animo a narrarlo por este medio, con el propósito de testificar a través de la Palabra escrita que aun en la tormenta, Dios sigue presente. Él siempre está. Que con Él de la mano podremos vencer las pruebas. La carga será liviana y el dolor será mucho más llevadero. Solo hay que pedirle al Espíritu Santo que se acerque a consolarnos. Hoy vengo a contarte de todo lo aprendido de mis propias vivencias de fe. Creo firmemente que nada pasa en nuestra vida por casualidad. Todo tiene un propósito y comenzará a cumplirse cuando comparta contigo testimonios que te animarán te bendecirán y te consolarán. ¡Anímate! ¡Tu prueba tiene fecha de expiración!

CAPÍTULO I

PERDER PARA GANAR

MUCHOS DICEN QUE a veces se gana perdiendo. En este contexto, perder suena positivo, especialmente si es que yo misma, libre y conscientemente, elijo enfrentarme o provocar una pérdida. En la mayoría de los casos no logramos ver las pérdidas como algo bueno que nos sucede sino más bien como algo negativo. La Real Academia Española define la palabra "pérdida" como "carencia, privación de lo que se poseía, cantidad o cosa perdida".[1]

Algunos ejemplos de una pérdida positiva pueden ser el elegir perder peso, el terminar la amistad con una persona que es mala influencia, o romper con una relación de codependencia y maltrato que nos estaba haciendo daño. Todas estas son pérdidas provocadas por una necesidad o por conveniencia, de las cuales se obtienen resultados positivos a corto o a largo plazo. Pero no es así en todos los casos. Hay pérdidas que pueden impactarnos negativamente, al punto que llegamos a sentir que rompen nuestro mundo interior. El perder el hogar, la inocencia por abuso sexual o la orfandad, son algunos ejemplos de este otro tipo de pérdida. Si permitimos que Dios trabaje con nuestro corazón, de las llamadas "pérdidas negativas" ganamos una enseñanza. Hay grandes lecciones de vida que pueden surgir de estos procesos de dolor. Muchas veces el beneficio de la pérdida no se experimenta de inmediato. En otras ocasiones ni siquiera somos nosotros mismos quienes nos beneficiaremos de la enseñanza que nos dejó esta privación. Pueden ser que otros a nuestro alrededor serán los bendecidos, los restaurados y hasta los inspirados. Se animarán a tomar decisiones importantes o a vivir de manera diferente. Algunos simplemente aprenderán a apreciar más lo que tienen sin tener que experimentar una situación similar a la nuestra.

A lo largo de mi vida he experimentado muchas pérdidas negativas que en la mayoría de las ocasiones, las he visto convertirse en ganancias. Hay otras que aún no acabo de digerir y por las cuales oro para que el Señor les dé propósito. En el caso de que mi vida pueda ser de testimonio para otros, entonces mi dolor cobra sentido. Dios en su soberanía no tiene que rendirme explicaciones, eso lo entendí aunque me costó mucho aceptarlo. Gracias a esta aceptación he decidido ser feliz poniendo mi confianza sólo en Él. La carta de Pablo a los filipenses dice:

> *"No digo esto porque esté necesitado, pues he aprendido a estar satisfecho en cualquier situación en que me encuentre. Sé lo que es vivir en la pobreza, y lo que es vivir en la abundancia. He aprendido a vivir en todas y cada una de las circunstancias, tanto a quedar saciado como a pasar hambre, a tener de sobra como a sufrir escasez".*
> —FILIPENSES 4:11–12

Al igual que el apóstol Pablo, yo también he aprendido a contentarme cualquiera sea mi situación. De todo lo

vivido he sido enseñada. He comprendido que no todo lo
tengo que entender y tal como nos dice el mismo apóstol
en la epístola a los romanos:

> *"No se amolden al mundo actual, sino sean transfor-*
> *mados mediante la renovación de su mente. Así po-*
> *drán comprobar cuál es la voluntad de Dios, buena,*
> *agradable y perfecta".*
>
> —ROMANOS 12:2

Comprender que la
voluntad de Dios es
"agradable y perfecta".
Me ha dado muchos
dolores de cabeza por
demasiado tiempo. Por
momentos me he des-

AL IGUAL QUE EL APÓSTOL PABLO, YO TAMBIÉN HE APRENDIDO A CONTENTARME CUALQUIERA SEA MI SITUACIÓN.

gastado mental y emocionalmente tratando de entender el
porqué y el para qué de muchas situaciones. Llegué a la
conclusión de que no hay nada más agotador que tratar
de comprender las decisiones de Dios con nuestra mente
finita. Es aún más difícil cuando lo intentamos hacer teniendo el corazón roto y la mente aturdida por el impacto
de una mala noticia. Pienso que para aquel que no cree
en Dios, debe ser hasta un poco más fácil. Puede tal vez
llegar a la conclusión de que sólo "le tocaba", o de que "ese
era su destino". Pero al menos a mí se me complica mucho
porque tengo expectativas de cosas sobrenaturales. Entro
en conflictos porque eso negativo que viví, pudo haber
sido diferente si Él así lo hubiese querido. Pero a la vez, sé
que nuestro Dios es intencional. Nunca improvisa ni deja
librado a la suerte. Que independientemente de la crisis

por la que esté pasando, conozco la capacidad del Señor para transformar cualquier panorama triste en uno de fiesta y celebración. El salmista dice:

"Convertiste mi lamento en danza; me quitaste la ropa de luto y me vestiste de fiesta".

—SALMO 30:11

En la Biblia se nos narra varios milagros que Jesús realizó. Son ejemplos claros de situaciones adversas tornadas en júbilo. ¡Qué alegría, cuando Jesús resucitó a la hija de Jairo y sanó a la mujer con el flujo de sangre! (Marcos 5:21–43). Estoy segura de que Jesús pudo haber cambiado muchas de las situaciones difíciles que me ha tocado enfrentar, en momentos de gozo para mí. La Palabra es clara cuando lo señala en Hebreos 13:8: *"Jesucristo es el mismo ayer y hoy y por los siglos"*. Creo firmemente en lo que dice la Palabra. Su poder no ha variado, sin embargo, por alguna razón, me ha permitido experimentar dolores y quebrantos. Aquí es donde muchos creyentes nos confundimos y entramos en conflictos espirituales muy serios. Nos confronta el hecho de que por alguna razón que no conocemos, que de seguro si llegáramos a saber, no la entenderíamos, a Él le ha placido dejarnos carecer.

Capítulo 2

DESDE EL PRINCIPIO

SOY LA SEXTA de siete hijos por el lado materno y la segunda de cuatro del lado paterno. Somos muchos, es cierto, pero realmente nunca coincidimos. Mi madrecita linda, doña Aurelia, había salido desde República Dominicana hacia Puerto Rico en el 1970. Dejó sus cinco hijos mayores al cuidado de mi abuela Mercedes para poder irse a aventurar y buscar un mejor porvenir para todos ellos. En aquellos tiempos, una mujer sola con tantos muchachos que alimentar, no la pasaba nada bien en un lugar donde el trabajo y la comida escaseaban. Por otra parte, mi padre Andrés era un jíbaro boricua que llevaba ya algún tiempo solo. Tenía un hijo, fruto de su primer matrimonio. Mis padres se conocieron en el verano de 1971, y menos de un año después, nací yo. Ambos eran creyentes recién convertidos cuando se casaron.

Nací en el seno de un hogar cristiano, y al menos mi mamá siempre fue consistente en la fe. Visitábamos la iglesia de domingo a viernes, los domingos íbamos en la mañana y en la tarde, y siempre estuvimos involucrados en la vida de nuestra congregación. Mi padre se reconciliaba y descarriaba con muchísima frecuencia. Era arrastrado por sus vicios, traumas y complejos. Se desaparecía por meses dándonos algo de respiro de sus rutinas de maltrato. Cuando se sentía solo, regresaba a la casa anunciando que ya estaba debidamente reconciliado con Dios y que todo había cambiado. Tal y como era de esperarse, varias semanas después regresaba a sus antiguos patrones de maltrato físico, verbal y emocional, creando un ambiente de inseguridad e inestabilidad en el hogar.

Mis padres me contaron que al momento de mi nacimiento estaban muy entusiasmados. Al igual que a todos, cuando nos nace un hijo, nacen también nuevos sueños. Nos ilusionamos y nuevamente empezamos a tratar de hacer las cosas bien. Según ellos mismos me contaban, fui una bebé muy deseada. Tanto mi mamá como mi papá tenían una gran necesidad de comenzar otra vez. Ambos tenían también las mejores intenciones y el genuino deseo de que yo creciera feliz, fuerte y sana. No necesariamente fue así. Como padres, todos cometemos errores a pesar de nuestras buenas intenciones. Con el paso del tiempo, si no tenemos a Dios en nuestro corazón, si no estamos bien informados y si no hay un verdadero compromiso con nuestra familia, podemos perder el norte. Es posible olvidarnos de las promesas que nos hicimos, que le hicimos a Dios y que le hicimos a otros. Podemos también comenzar a repetir conductas aprendidas de nuestros padres que sabemos no debemos copiar.

Tanto Mami como Papi provenían de hogares pobres, crecieron en culturas y tiempos donde la gente se enfermaba y hasta moría por ignorancia y mala nutrición. Habían vivido en extrema pobreza, pasado hambre y muchísimas necesidades. Quizás de ahí su creencia de que los niños obesos eran los niños sanos. Carecían también de toda la información que tenemos hoy día. Desconocían acerca del gluten, de factores genéticos y valores calóricos. No sabían lo que eran carbohidratos y mucho menos cómo los patrones alimentarios que me estaban inculcando podían marcar mi vida negativamente. Hoy comprendo que solo trataban de hacerme bien, y lo hicieron con los recursos y el conocimiento que tenían entonces, que no eran muchos.

Desde bebé fui muy gordita. La tendencia a engordar la llevaba en mis genes tan fuertes como mi color de piel y mi cabello rizado. Hasta cierto punto, era de esperarse y perfectamente aceptable estar un poco pasada de peso cuando en la familia mucha gente también lo estaba. De hecho, mis padres eran de pensar que mientras más gordita fuese, más sana estaba. Creían que la gordura me hacía lucir hasta más bonita. Para ellos no había nada más hermoso que un bebé rollizo.

Crecí gorda y con mi gordura crecieron mis inseguridades. Ya cursando mi tercer grado, estaba muy consciente de mi obesidad y mis complejos me dirigían a aislarme. Experimentaba a diario lo que ahora se conoce como "bullying" o acoso. Lo vivía en mi día a día, no tan solo de parte de mis amigos y compañeritos de escuela, sino también por adultos inescrupulosos que se mofaban de mí por mi gordura. Ya para entonces mis malos hábitos alimentarios estaban muy bien establecidos. Para mí, comer era más que una necesidad, era un tipo de consolación. Tengo que admitirte que no era una niña feliz.

La inseguridad no fue el único de los problemas que tuve que enfrentar en mi niñez. También necesité de botas ortopédicas para poder tratar un problema de pie plano.

Recuerdo muy bien el proceso, a pesar de que todavía no tenía la edad para asistir a la escuela. Me caía con frecuencia y al llevarme a evaluar, los médicos recomendaron zapatos especiales para corregir mis problemas en los pies. Mis padres comprendieron el diagnóstico, compraron las botas que habían sido recetadas, pero, como parte de mi tratamiento, también se requería que perdiera peso y hubo que ponerme a dieta. Ellos lo intentaron, pero mi papá no pudo con el empuje. Fue entonces que tomó la decisión de dejarme con el pie plano el resto de mis días, en lugar de hacerme "pasar hambre", como recuerdo que decía.

El problema con mis pies se añadía al listado de cosas que me acomplejaba haciéndome sentir insegura por mi apariencia física. De hecho, "inseguridad" pudo haber sido mi segundo nombre. Me iba a la perfección, porque toda la vida me sentí así: insegura. Aun en mis años de infancia, cuando somos más celebrados, sentía mucho miedo e inseguridad. Un ejemplo de esto es que cuando lograba percibir algún tipo de movimiento rápido cerca de mi cara, mi instinto de protección me llevaba a cubrirme el rostro rápidamente. Desde muy pequeña había sido sometida a tanto abuso físico, que inconscientemente vivía anticipando golpes. Cuando a los ocho o nueve años tenía que caminar largos trechos sola para irme a la escuela sentía mucho miedo. A esa edad también me tenía que quedar sola por periodos largos en la casa junto a mi hermanita, quien era un año menor que yo, en lo que llegaba mi madre del trabajo. No siempre había quien nos cuidara. Quedarme sola, sin la supervisión de un adulto responsable, me asustaba mucho. En el caso de que mi papá estuviera disponible para cuidarnos, era complicado ya que usualmente estaba alcoholizado, nos golpeaba al primer pestañeo, y le permitía acceso a la casa a hombres que desde que él daba la espalda, nos miraban con lujuria velando tal vez alguna oportunidad para acercarse a nosotras de manera inapropiada.

CUANDO EL CARÁCTER DE UN NIÑO ES ATACADO, CRECEMOS CON UNA AUTOESTIMA POBRE Y NOS CUESTA MUCHO CREER NO SOLO EN LOS DEMÁS, SINO EN NOSOTROS MISMOS.

Tuve serios problemas de baja autoestima por mi apariencia física en general. Tenía un cabello complicado para peinar que yo misma tenía que arreglarlo como podía, era muy obesa y tenía que vestirme con ropa donada que no siempre estaba en las mejores condiciones. Mis complejos de inferioridad se veían reflejados no tan solo en la forma en que me comportaba, sino hasta en mis relaciones interpersonales y eventualmente también en las profesionales. Constantemente permitía que alguien más seguro de sí mismo o lo suficientemente listo como para identificar mi baja estima, se aventajara o terminara aprovechándose de mí de alguna manera. Ese mismo miedo e inseguridad me hacía esconder. Hubo momentos en que me hubiese encantado ser invisible tan solo para no ser lastimada emocionalmente o golpeada físicamente. Cuando somos pequeños y nos vemos expuestos a niños y a adultos maltratadores, sin que haya nadie para protegernos, salimos con heridas que nos toma mucho tiempo sanar. En adición, cuando es en el seno de tu hogar donde precisamente se te maltrata, nuestro carácter y autoestima terminan aún más lacerados. Estamos supuestos a que el hogar sea el lugar donde más seguros, amados y respetados nos debemos sentir. No siempre es así. Cuando el carácter de un niño es atacado, crecemos con una autoestima pobre y nos cuesta mucho creer no solo en los demás, sino en nosotros mismos.

Las palabras hirientes en labios de maestros y parientes, o hasta de tus mismos padres, pueden marcarnos. Recuerdo a mi papá enojado llamándome: Niña estúpida, animal, puerca. A mis pares llamarme por sobrenombres como: Vaca, cerda. Y a otros adultos diciéndome: Eres una inútil. Expresiones de desprecio tales como: No sirves para nada, tú no pareces hija mía, maldita sea la hora en que te engendré. Estas palabras pueden lastimar a cualquier niño o niña severamente, especialmente cuando provienen de las personas que se suponen que te aman, entonces se siente aún peor. Muchos años después sané y perdoné. Entendí que mi verdadera identidad me la da Jesucristo y no las personas que me rodean.

Por otro lado, recibía con frecuencia amenazas de muerte por parte de mi padre. Muchas veces, al no tener opciones, Mami tenía que dejarnos con él para irse a trabajar. Al ella despedirse, él le anunciaba que al regresar nos encontraría muertas. Recuerdo que teniendo yo unos seis años, en una ocasión, me dijo que me picaría en pedacitos y me echaría por el excusado. Yo le creí. Recuerdo otra vez en que estaba durmiendo; de pronto abrí los ojos, y lo encontré sentado entremedio de las camitas donde dormíamos mi hermanita y yo, con un arma en la mano. ¿Cuáles eran sus intenciones? No las sé. Solo recuerdo abrazarlo llena de miedo como pidiéndole perdón por lo que sea que hubiese hecho, que lo provocó esa reacción.

Tendía a sentirme responsable por los maltratos y abusos a los que era sometida.

En otra ocasión, Papi intentó asesinarnos y suicidarse. Era de madrugada y tengo la imagen aún fresca de mi mamá entrando entre las llamas de un fuego que él había iniciado para poder quitarle las llaves de la casa que cargaba consigo. Mi papá había cerrado todos los portones de salida con candados llevándose las llaves. Nos dejó a las tres encerradas junto con él antes de prender fuego alrededor suyo. A mi madre le tocó entrar entre las llamas y quitarle las llaves de los candados para poder salvarnos. Logró sacarnos de la casa envuelta en sábanas, y tuvo que dejarnos solas en una escalera para entrar y tratar de apagar el incendio. Yo tendría unos siete años.

Recuerdo mi niñez y me veo como una nena tímida y algo callada. Tendía a aislarme para concentrarme y escapar a un mundo imaginario que había creado, en el que era muy feliz y todo mi entorno lucía completamente diferente al mundo real. Soñaba despierta imaginándome bonita y contenta. Prefería estar la mayor parte del tiempo en este otro plano viviendo mis fantasías, que tener que enfrentar el infierno del día a día en mi casa con un padre violento y una madre ausente. A pesar de que nos amaba profundamente y de todas sus buenas intenciones, mi mamá no nos podía atender. Nos cuidaba quien pudiera, mientras ella se quemaba las manos en una cocina durante horarios nocturnos, seis días a la semana, tratando de mantener dos familias a la vez. Tenía cinco hijos en República Dominicana a quienes darles de comer. También corría con todos los gastos del hogar en Puerto Rico, porque mi padre no aportaba nada, todo lo consumía en alcohol. Ella solo tenía un segundo grado de escolaridad y se ganaba la vida reventándose como cocinera de un restaurante.

La verdad es que yo no quería ser yo. No me gustaba mi vida ni mi apariencia física. No tenía el conocimiento para sanar, tomar control y enfrentar la situación. Sabía que debía de hacer cambios en mi mundo interior para lograr estar en paz conmigo misma, pero carecía de las herramientas para lograrlo. Tristemente este sentimiento no se limitó a mis años de infancia, también me siguió durante mi adolescencia y hasta a mi adultez temprana. Ya cuando tenía edad suficiente para darle un giro a mi vida para bien, yo no lograba aún quererme lo suficiente como para hacerlo. A pesar de que necesitaba sentirme mejor desde lo más profundo de mi corazón, carecía del estímulo y la determinación. Me sentía que no era merecedora de una vida feliz donde la gente me tratara con cariño y con respeto. Al acostumbrarme a estos patrones de hostilidad, de adulta me resultaba fácil entrar en relaciones de maltrato y codependencia. Luego de haberme pasado la vida entera sintiéndome apocada, tendía a relacionarme con hombres maltratadores. Muchos años después, una doctora en consejería me explicó que es usual que las víctimas de maltrato infantil, al llegar a ser adultos terminen convirtiéndose en víctimas o victimarios de violencia doméstica. Que existe una tendencia a repetir los mismos patrones de maltrato para terminar siendo agredidos o agresores. Claro que no era así cómo quería vivir o quería sentirme.

Muchas veces, durante mi infancia, dudé del amor de Dios. En la iglesia y la escuela bíblica me hablaban y me hacían cantar de lo mucho que Él me amaba. Pero yo no estaba convencida de ello. Sabía que muchas de las cosas que me sucedían día a día no estaban bien. Me hacía las típicas preguntas: ¿Por qué Dios permite que me traten así? ¿Por qué Dios no se lo impidió? ¿Por qué mi mamá se tiene que ir a trabajar y yo me tengo que quedar con mi papá, si él está borracho y ya le dijo a ella que me quiere matar? Y entonces, pensaba: ¿Por qué mi papá me quiere matar si yo no le hecho nada? Y la más frecuente de todas: ¿Dónde estaba Dios cuando esto me pasaba? La pregunta era obligada. Hasta hace poco tiempo, inconscientemente hacía a Dios responsable de lo que me había sucedido. Aprendí de labios de mi pastor que en realidad nuestro dolor no es causado por Dios, sino por alguien más o por nosotros mismos. Es por culpa de la maldad en el hombre. Sin embargo, Dios puede utilizar nuestro dolor transformándolo en bendición para nosotros y para los que nos rodean. Lo peor es que en muchas ocasiones sentía culpa por las cosas que me sucedían y hasta responsabilidad por la conducta de mis agresores.

A DESTIEMPO

Los hijos del maltrato, como lo fui yo, son blancos fáciles de depredadores sexuales y de individuos inescrupulosos. Los agresores identifican a nuestros padres como negligentes o ausentes, y observan la vulnerabilidad de los hijos. Es entonces que se acercan a nuestra vida con sus supuestas buenas intenciones a ofrecer apoyo y amistad, ocultándose detrás de sonrisas, atenciones y hasta regalos. Ciertamente, no todo el mundo llega con una mala intención o una agenda de agresión para con nuestros niños, solo Dios conoce los corazones. Es por eso que hay que acudir a Él en oración para que nos dé discernimiento y podamos identificar a las personas a quienes les damos acceso a nuestros hijos.

Tendría cinco años cuando fui abusada sexualmente por un vecino quien se relacionaba muy cercanamente a mi familia. No llegué a delatarlo. Su mujer lo vio en pleno acto y lo amonestó de alguna manera. Sé que siguieron juntos y que todo se quedó como si nada hubiese pasado. También sé que por algún tiempo que no puedo determinar y que me parece eterno, esto sucedió. La peor parte no es tan solo la bajeza del acto como tal, sino la manipulación a la que fui sometida. El individuo me amenazaba y me decía que si mi papá se enteraba, me iba a matar. Yo en mi inocencia, le creía. Papi me amenazaba con matarme constantemente y luego intentó asesinarme varias veces. ¿Por qué no creerle?

Más adelante, en mi adolescencia temprana, fui violada por otro pariente. De pequeña, él también me había manoseado bajo las narices de mis cuidadores. En una ocasión lo hizo en la parte trasera de un vehículo en marcha con dos adultos sentados en los asientos delanteros, que no se dieron cuenta de lo que me estaba pasando. Solo notaron el forcejeo y nos regañaron por estar peleando. Lo hizo en cada momento que pudo cuando mis padres o cuidadores se relajaban o se distraían con sus tertulias. De adolescente fui forzada por él mismo en repetidas ocasiones. Mis padres estaban en el balcón de una casa junto a mis tíos y demás familiares. Me recuerdo forcejeando para luego terminar agotada y asqueada cooperando para que fuera algo rápido, menos doloroso y no fuera a golpearme.

En el último intento, ya yo tendría quince años y él un adulto. Salía temprano en la madrugada del edificio de apartamentos donde vivía y me sorprendió en la escalera sujetándome con violencia por un brazo. Me había estado esperado. Comencé a gritar mientras forcejeaba y me soltó. Logré detener el asalto con la amenaza de delatarlo. Nunca más lo intentó conmigo, aunque por otra parte continuó con sus patrones de agresiones y cumplió años de prisión por un caso de abuso sexual infantil.

¿Qué tienen en común mis problemas de autoestima e inseguridad con mi problema de obesidad? Todo. Me escudaba detrás de muchas libras por muchos años como modo de protección. Inconscientemente y en silencio gritaba: No me veas, no me desees, no me toques. Hice de mi gordura mi escondite favorito y de la comida mi único consuelo. Claro no que me quería sentir así, no quería verme como me veía, no me gustaba mi vida. Necesitaba una ayuda sicológica la cual nunca recibí. Yo sola, con mis propias fuerzas y sin el apoyo adecuado, era incapaz de alcanzar nada.

Lo aprendido

La inseguridad puede ser incapacitante y bajo su influencia podemos echar a perder nuestros proyectos de vida y sobretodo retrasar el propósito perfecto de Dios para con nosotros. También aprendí de labios de mi pastor, que en efecto, nosotros sí podemos arruinar los planes que Dios tiene para con nosotros. Él citaba la Palabra en Mateo 23:37:

"¡Jerusalén, Jerusalén, que matas a los profetas y apedreas a los que se te envían! ¡Cuántas veces quise reunir a tus hijos, como reúne la gallina a sus pollitos debajo de sus alas, pero no quisiste!".

En este versículo se nos muestra a Jesucristo lamentándose. Se denota una intención, un plan preciso el cual fue alterado por las decisiones que su pueblo tomó. Solo imagina lo que hubiera pasado si Moisés hubiese sido exitoso utilizando su tartamudez y edad como excusa para no cumplir el plan de Dios. Qué tal si Pablo se hubiera dejado llevar de su ceguera o el rey David se hubiera dejado limitar por su edad o estatura al enfrentar al gigante. Estoy convencida de que todos se sintieron inseguros y asustados de alguna manera, pero al poner su vista en Dios, el Espíritu Santo les dio la fuerza de voluntad que necesitaban para poder ejecutar el plan trazado para con ellos. Los tres salieron victoriosos para la gloria del Padre. De esa misma manera también nosotros podemos echar nuestras inseguridades de lado haciéndonos capaces de ser transformados con la ayuda de Dios. Es posible cambiar nuestra vida para siempre. Solo tenemos que confiar en Él y tomar la decisión de avanzar por el camino que nos traza.

Alguien que no haya tenido un encuentro con Cristo, de seguro debe entender que nada positivo se puede obtener de sentirse menospreciado y ser sometido al abuso físico, mental y sexual. El hecho de ser víctima de cualquier tipo de maltrato, es doloroso. Pero este dolor se agrava cuando el abuso proviene de personas a quienes amas. Tener que coincidir y tal vez hasta convivir luego de los eventos de maltrato con quien en algún momento te hizo daño, puede ser un reto para quienes no hayan perdonado porque los malos recuerdos afloran una y otra vez. La peor parte es que en muchas ocasiones (tal cual me pasó a mí) nuestros agresores nunca reconocen sus culpas o muestran algún tipo de arrepentimiento por sus hechos. Yo era de la opinión de que para poder perdonarlos, ellos debían pedirme perdón primero. Luego entonces yo elegiría si los perdonaría, pero que no necesariamente olvidaría. Esto me ancló en una amargura eterna que no concluyó hasta que tuve un encuentro con Cristo. El saberme perdonada de mis propias culpas y de mis propios pecados fue el primer paso para mi sanidad interior. El entender que debo amar y perdonar a mi prójimo, incluyendo a mis agresores, tal como Dios me amó y me perdonó, me liberó de mis rencores. Me tomó muchísimos años pero finalmente entendí que cuando perdono, yo termino siendo la gran ganadora, porque el perdonar nos hace libres.

De alguna manera esta experiencia también me ha servido para ser muy cuidadosa con mis niñas. Reconozco que por más que me esfuerce, es imposible estar todo el tiempo con ellas para cuidarlas. Por esa razón oro y le pido a Dios que las cubra y que me dé discernimiento. Él es el único que conoce lo que hay en el corazón y los pensamientos de los individuos. También les hablo sobre el tema y las oriento en cuanto a cuáles conversaciones, toques y demás son apropiados, y cuáles no. Las escucho. Es importante saber cómo ellas se sienten cuando están con sus cuidadores. Basada en mi propia experiencia, entiendo que un niño o niña que se sienta en peligro de ser lastimado, no elige quedarse con su agresor. No quisiera ser una madre sobreprotectora y menos quisiera que ellas resientan el cuidado que se les ofrece; pero sobre mí no puede recaer la culpa por haber sido una madre laxa, en especial después de haber vivido todo lo que viví. Aun siendo adulta, la mala experiencia me ha servido para poder identificar y alejarme de personas tóxicas, volubles, manipuladores y hasta de agresores pasivos. Cuando no logro evadirlos, entonces evito confrontaciones hasta que logro erradicarlos por completo de mi vida. Siempre hay alguien que no sabe cómo manejar sus traumas y frustraciones, y tienden a desquitarse con los demás. Es necesario identificarlos para no repetir los círculos de maltrato convirtiéndonos una y otra vez en víctimas. Más importante aún es vigilarnos para no terminar siendo nosotros mismos los victimarios. Las heridas causadas a los que amamos por no poder tomar control de nuestras emociones y atender nuestros traumas a tiempo, pueden ser irreparables.

La buena noticia es que a pesar de lo subestimado, maltratado y despreciado que cualquiera individuo pueda sentirse, Dios siempre tiene un plan mayor. Nos ayuda a transformar todo el dolor, el rencor y la palabra de maldición en esperanza viva. Él nos rodea de la gente correcta y nos da lo que necesitamos para tornar toda nuestra vergüenza en bendición para nosotros y para los que nos rodean. El que se me haya expuesto a la Palabra de Dios desde pequeña me dio esperanza a pesar de todo lo que me estaba sucediendo. Él nos lo promete en su Palabra, y yo creo fielmente en lo que dice:

"No prevalecerá ninguna arma que se forje contra ti; toda lengua que te acuse será refutada. Ésta es la herencia de los siervos del SEÑOR, *la justicia que de mí procede —afirma el* SEÑOR".

—ISAÍAS 54:17

Porque creo en sus promesas, y gracias a ellas, aún lucho y vivo con esperanza.

Capítulo 3

ADOLECER

LOS QUE HAN estudiado sobre el tema de la adolescencia, lo describen en términos generales, como una época de cambios. Una transición complicada tanto física como emocional en la que dejamos de ser niños para convertirnos en adultos. Las hormonas nos juegan todo tipo de bromas y hasta nos traicionan de a ratos. La cara nos cambia, crecemos en estatura y el cuerpo se tornea. Lucimos como adultos, pero seguimos pensando como niños. Fue una época difícil para mí. Muchas circunstancias cambiaron al mismo tiempo a mi alrededor, creando aún más inestabilidad.

Como sé que mis hijas van a leer esto algún día, me encantaría quedar bien con ellas. Quisiera poder decir: "A pesar de los cambios, todo fluyó de manera ordenada. Nunca me expuse al peligro, jamás dije tonterías y fui una buena chica". Pero no fue así exactamente, sino todo lo contrario. Para empezar, me alejé de Dios. Ese fue el peor y más grande de todos mis errores. Tal como leemos en la Lucas 15:11–32, en la parábola del hijo pródigo, el alejarme de los caminos del Señor tuvo sus consecuencias. Mi rebelión me llevó a tener que vivir uno de los días más duros de mi vida, sin la cobertura del Espíritu Santo. No porque

Dios me había olvidado, sino porque yo me había alejado de Él.

Los cambios hormonales se mezclaron con los asuntos emocionales que arrastraba desde la infancia. Nunca recibí ningún tipo de terapia ni consejería para tratarlos. En cuanto a mi autoestima, seguía teniendo los mismos complejos. Por otra parte, aunque todavía tenía unas libras de más, mi peso finalmente se había estabilizado. Para ese tiempo algunos de mis hermanos se habían mudado con nosotros y con ellos llegó la música y el baile a la casa. En esto último encontré un nuevo modo de escape. Ya no tenía que aislarme a algún rincón solita a soñar despierta. Sino que prefería meterme en el cuarto a bailar mis canciones favoritas. Sin tener la intención, con esta nueva actividad me ejercitaba y a la misma vez, me entretenía. Lo que nunca cambié fueron los malos patrones de alimentación que traía desde la infancia. Ya para entonces estaban bien arraigados. Yo misma sabía preparar mis platos favoritos.

Al igual que todas las demás jovencitas de mi edad, presumía, me fijaba en los chicos y me gustaba vestir a la moda. Mi familia no contaba con los recursos económicos para comprarme ropa nueva. Usualmente vestía con ropa de segundas manos y me compraban zapatos cuando se me rompían los que tenía. Socialmente tampoco me iba bien. Nunca fui popular, simpática y mucho menos bonita. A pesar de que había sobrellevado la timidez de la infancia, a medida que crecía comenzó también a crecer mi hostilidad. Inicialmente era solo como un tipo de mecanismo de defensa. Pero por ratos me convertía yo en la agresora. Era contestona y voluble. Desafiaba todo tipo de autoridad. Poco a poco fui creando muy mala fama. Tenía problemas en la escuela, con los maestros, y también en la comunidad donde vivía. Cada día me sentía más sola. El cuadro familiar en casa era complicado. Mami, Papi (por temporadas), mi hermana menor y yo, vivíamos en un apartamento de un complejo de vivienda pública. Mi padre era un hombre muy inteligente, pero con un problema de alcoholismo que no lograba superar. Tomaba a diario públicamente y lo hacía con un grupo de amigos que tenía con la misma condición. Se sentaban bajo un árbol, justo al lado de la carretera por donde pasaban todos mis amigos para ir y regresar a la escuela. Era muy bochornoso para mí verlo sentado y rodeado de sus amigotes. Creo que solo estaban allí por interés, pendientes a que mi papá les comprara el ron que ellos se tomarían. Era un grupo de alcahuetes que le hacían todos los favores del mundo porque, don Andrés, como le llamaban, era al único al que le fiaban en el colmado de la esquina. Cuando llegaba el cheque de su pensión de seguro social ya se debía completo en la tienda. Mientras tanto en mi casa, mi madre se explotaba trabajando para poder proveer. Papi todo se lo bebía y se lo daba a beber a sus compinches.

A los ocho meses de nacido, a mi papá le dio polio. Esto le impidió caminar por años. Como él mismo contaba, estuvo arrastrándose para llegar de un lugar a otro hasta los catorce años. A esa edad se dispuso a tratar de caminar. Amarró una soga de un extremo a otro, se colgó de brazos y se obligó a caminar. Fue entonces cuando dio sus primeros pasos. El resto de su vida lo hizo utilizando un bastón. Nació y se crio en un campo de Hatillo, Puerto Rico. Era hijo de campesinos y huérfano de madre desde joven. Su familia era muy pobre. No tuvo acceso a terapias ni tratamiento para su discapacidad. Así que mi papá aprendió a valerse por sí mismo pronto en la vida. Se casó y trabajó por veintiún años en una tienda de zapatos hasta que lo pensionaron. Eventualmente logró hasta tener su propio negocio.

A finales del año 1985, mi padre fue diagnosticado con cáncer en la garganta provocado por su dependencia a la nicotina. Fumaba desde muy joven una cajetilla de cigarrillos al día. De repente, le había aparecido bajo la lengua algo similar a un afta que no sanaba. Para esa temporada llevaba ya unos meses residiendo en República Dominicana. Se iba por temporadas y regresaba cuando le parecía. Llegó al apartamento con nosotras en Puerto Rico, para ser atendido en su proceso de enfermedad. Los recursos eran limitados y el tratamiento muy doloroso. Él, que siempre se había distinguido por su mal carácter y su poca paciencia, un buen día decidió que el cáncer no lo iba a matar a él sino que por el contrario, él acabaría con el cáncer. Así lo expresó y así lo hizo.

Un sábado en la madrugada, en la acera, justo al lado del edificio donde residíamos, en el momento preciso que mi madre llegaba de trabajar, él decidió suicidarse. Se roció con gasolina y se prendió fuego. A lo largo de su vida fueron muchos los intentos de suicidio. Recuerdo varias salidas de emergencias al hospital por envenenamiento con medicamentos o intoxicación con alcohol. Supe también de sogas que fueron cortadas a tiempo en sus intentos de ahorcarse, antes de yo nacer, entre otros. Luego del incidente y en conversaciones con vecinos, amigos y familiares, llegamos a la conclusión de que lo había planificado todo con calma. Se había pasado los días antes a ese sábado dos de marzo, haciendo llamadas. Llamaba despidiéndose, pidiendo perdón y emitiendo comentarios cómo: "Esto se quita con un poquito de gasolina" (haciendo referencia a la úlcera que tenía bajo la lengua). A otra persona, al pedirle que le cocinara una carne de cerdo guisada, le comentó: "No te preocupes. Este es el último favor que te voy a pedir". Fueron señales de suicidio que nadie logró detectar a tiempo.

Era ya la medianoche, hora en que mi mamá usualmente llegaba de trabajar y yo aún estaba despierta. De pronto la escuché gritar despavoridamente y corrí a socorrerla para tropezarme con la escena de mi padre ardiendo en llamas. De primera intención, quise gritar de la impresión. Las rodillas me traicionaron y caí al piso. No podía creer lo que veía, pero tampoco tenía tiempo para llantos, histerias o dramas. Debía actuar y rápido. Mi mamá estaba descontrolada corriendo de un lugar para el otro arrancándose el cabello y mi padre se estaba quemando. Sin pensarlo mucho más, me levanté del suelo y con la ayuda de un vecino que también había salido al escuchar los gritos de mi madre, apagamos el cuerpo de mi papá con lo único que teníamos a nuestro alcance: tierra.

Desde ese momento en adelante y sin estar lista, me convertí en un adulto. En un segundo me cayó toda la carga de la situación encima. La escena era muy desafortunada: Mi madre en completo descontrol, mi padre ardiendo en llamas y mi hermana de doce años durmiendo sola en el apartamento, ajena a todo lo que estaba pasando. Alguien tenía que hacerse responsable y me tocó a mí. Logré con la ayuda de algunos vecinos estabilizar a Mami y avisé a familiares y amigos. Llamé a la policía y rendí el reporte policiaco. ¿Cuándo fue que al fin ventilé? Varios días después. Tenía exactamente trece años con diez meses de edad. Ese fue el tiempo que me tocó vivir junto a mi padre. Tiempo suficiente para crear un banco gigantesco de resentimientos hacia él que luego tomó muchos años en sanar. Tiempo suficiente para escribir una historia negativa que luego Dios, con su inmenso amor, tornaría en una positiva. Hoy Dios me permite mirar esos años sin dolor reconociendo todas las herramientas y enseñanzas adquiridas entonces que me han ayudado a enfrentar todo lo que me tocó vivir después.

Lo aprendido

Mis primeros catorce años fueron muy difíciles. Aun así, en el fondo de mi corazón sabía de la existencia de un plan divino que se había trazado para mí. Dios no estaba jugando ni improvisando conmigo. Hubo cosas que eran necesarias que viviera temprano en la vida para prepararme para eventos postreros.

> **EN EL FONDO DE MI CORAZÓN SABÍA DE LA EXISTENCIA DE UN PLAN DIVINO QUE SE HABÍA TRAZADO PARA MÍ. DIOS NO ESTABA JUGANDO NI IMPROVISANDO CONMIGO.**

Nunca pensé que me fuera a servir para bien la manera en que mi mamá reaccionó al encontrarse con mi papá suicidándose. Cómo era de esperarse su impresión la hizo gritar, desesperarse y llorar. Su histeria fue tal, que me tocó a mí tomar el control de mis emociones y de la situación. La reacción de Mami ante aquel suceso me sirvió para tomar la decisión de que independiente de la situación que pudiese presentarse en mi vida, la histeria no podría ser nunca una opción a seguir. No ayuda para nada, en especial si tiene niños a su cargo. Cuando criamos hijos, la estabilidad emocional de ellos depende en gran parte de la nuestra. Si ellos nos ven perdiendo el control, su mundo colapsa.

Veintiocho años más tarde tuve que recurrir a esta vivencia y recordar mantenerme en absoluta calma cuando una tarde recibí una llamada telefónica que sacudió mi vida para siempre. Estaba manejando mi auto junto a mis niñas cuando me llamaron para darme la noticia más triste de mi vida. Tuve que respirar, cuidar el tono de voz que utilizaba durante la conversación y hasta las expresiones de mi cara por un periodo aproximado de casi dos horas. El Espíritu Santo intervino y gracias a su abrazo, logré mantener el control y ser el adulto responsable hasta que otras personas de mi confianza llegaron en mi ayuda. Sin duda la reacción negativa de mi mamá, me sirvió para bien al no repetir el mismo error.

Por otra parte, a pesar de estar alejada de Dios al momento de morir mi padre, en mi interior sabía que no estaba sola. Que tenía la opción de refugiarme en Él y en sus promesas. Que su misericordia me seguía y me alcanzaría en el momento en que yo decidiera regresar a casa, tal como lo hizo el Hijo pródigo. Me tomó catorce años más dejar mi rebeldía a un lado para aceptar la invitación que Dios me hacía. Él seguía esperando por mí para bendecirme con su amor incondicional.

Capítulo 4

A LA INTEMPERIE

A L MORIR PAPI, y ya teniendo mi madre control total de los escasos recursos económicos con los que contábamos, ella decidió comprar una casa. Al fin lograría mudarse del complejo de vivienda pública en el cual residíamos en Carolina. Tendríamos nuestro propio hogar. Habiendo superado un poco el impacto de la pérdida, Mami se levantaba otra vez como una mujer aún más fuerte y determinada. Fue así cómo llegamos a vivir a una casita con fundamentos en concreto, pero en su mayoría hecha de madera y techada con zinc. Era en el campo de Canóvanas. La barriada estaba localizada en un cerro alto, repartido en parcelas recién estrenadas. Las calles todavía estaban sin pavimentar con viviendas de estructuras frágiles. Eran casuchas improvisadas, apenas suficientes para ofrecernos cobijo y algo de privacidad. Los insectos en la noche no era mi único problema. Lo peor fue que me habían arrancado del ambiente en el que me criaron. No tenía muchos amigos y me alejaban de los pocos que tenía. Malo o bueno, el ambiente en el residencial era lo único que conocía y no quería irme. No me gustó mucho al principio, pero ciertamente era para nuestro bien.

Justo cuando comenzaba a integrarme a la comunidad y me había acostumbrado a la estructura rústica y menos segura de la casita, otro golpe duro llegó. Era un 19 de septiembre del año 1989 cuando el huracán Hugo pasó por la isla de Puerto Rico. Dejó la casa parcialmente levantada, con apenas unas hojas de zinc techando una de las habitaciones. Nuestras escasas pertenencias se habían perdido por completo. Lo que el viento no había esparcido por comunidades vecinas, la lluvia lo había echado a perder. Nunca he logrado olvidar la sensación de desamparo que tuve al llegar a la casa y saber que ya no teníamos donde vivir. Había que comenzar de cero una vez más. Nos quedamos viviendo por unos días a la intemperie.

Mi madre contaba tan solo con un segundo grado de educación, pero era una visionaria con una fe inquebrantable. Nunca perdió la esperanza. Sabía bien que en tiempos de angustia y necesidad tenemos que refugiarnos en Dios. La Palabra nos recuerda en Salmo 46:1–3:

"Dios es nuestro amparo y nuestra fortaleza,
nuestra ayuda segura en momentos de angustia.
Por eso, no temeremos
aunque se desmorone la tierra
y las montañas se hundan en el fondo del mar;
aunque rujan y se encrespen sus aguas,
y ante su furia retiemblen los montes".

Ella sabía a quién le había creído, por eso se aferraba segura a las promesas que Dios tenía, en especial para las viudas y los huérfanos. Por mi parte no entendía por qué teníamos que seguir enfrentando tantas pérdidas. Verme sin hogar me asustó muchísimo. Otra vez me preguntaba por qué Dios permitía eso que vivíamos. Mi mamá le servía. Era hasta diaconisa en la iglesia. Una mujer de integridad con un testimonio intachable. La pregunta obligada era: ¿Por qué a ella en específico? Él conocía cuáles eran sus circunstancias. El Señor le había permitido a su sierva, como lo hizo con Job, perderlo todo. Tampoco entendía cómo era que Mami aun estando muy triste, tomaba todo con tanta calma. A diferencia de su reacción ante el suicidio de mi papá, esta vez lucía en paz. Yo estaba sorprendida. Contrario a ella, yo no era una mujer de fe. No tenía una relación con Dios. Quizás por eso el hecho de que ella estuviera tomándolo todo con calma me impresionaba tanto. Yo no lograba sentir el amparo y la protección del Señor. Ella sí, porque ya había conocido la cobertura del Dios de lo sobrenatural. Me limitaba a ver con mis ojos carnales la devastación en mi casa. Estaba ajena a todo lo que se estaba moviendo en el plano espiritual. Ni imaginaba las bendiciones que Dios tenía deparadas para nosotras.

Poco a poco fuimos reparando la casita con la ayuda de familiares, amigos y algunos hermanos de la iglesia. Aproximadamente el 90% del techo había sido arrancado por los vientos huracanados. El mismo fue sustituido provisionalmente por hojas de zinc en buen estado que había traído el viento a nuestro patio y por un toldo gigantesco de color amarillo, que regalaba la Agencia Federal para el Manejo de Emergencias (FEMA, por sus siglas en inglés). Se repararon las paredes

LA CONFIANZA QUE MI MADRE DEPOSITÓ EN LAS PROMESAS QUE DIOS LE HABÍA HECHO, ME SIRVIÓ DE PATRÓN ANTE MIS PROPIAS CRISIS.

y recibimos las ayudas gubernamentales que se ofrecían para comprar ropa, camas y alimentos. Era un beneficio que FEMA ofrecía a todo aquel que al igual que nosotras, había sido afectado, por el evento climático. Dios cubrió todas nuestras necesidades básicas a través de donaciones de individuos, corporaciones privadas e iglesias. Por primera vez experimenté ese cuidado y la provisión especial de Dios hacia las viudas y los huérfanos. En medio de la crisis fuimos cubiertas en todo. El porqué y para qué de esta vivencia lo entendí casi veinticinco años después. La confianza que mi madre depositó en las promesas que Dios le había hecho, me sirvió de patrón ante mis propias crisis. Era necesario que yo viera modelada la fe de esta manera.

Lo aprendido

Con mucho esfuerzo, y la ayuda de programas gubernamentales, al fin logramos tener una casa mucho más segura. En esta ocasión fue construida en su totalidad en concreto. Una estructura lo suficientemente fuerte como para que ningún otro huracán nos dejara a la intemperie. Mi hermano mayor Juany y mi tía Luchy, vinieron a apoyarnos. Junto a ellos, mi mamá, mi hermana Sisy y yo, levantamos la casa. Fueron días largos de trabajo forzoso. ¡Qué gran taller! Aprendí a cernir arena, a montar bloques y a hacer mezclas gigantescas de arena, piedra y concreto que luego habría de cargarlas a cubo. Fueron días duros y largos donde salía de la escuela y llegaba a la casa a apoyar a mi familia en la construcción. Luego tenía que irme al trabajo, un restaurante de comida rápida donde trabajaba en turnos nocturnos. Regresaba a casa pasada la medianoche para al otro día ir a estudiar. Trabajé como un obrero en la construcción de mi hogar y años después, cuando me tocó encargarme de vender la casa para poder repartir entre mis hermanos la herencia de mi mamá, no lograba desprenderme de la misma. Conocía al detalle cómo se habían hecho sus arcos. Recordaba el día que se tiró la mezcla del techo y por qué el mismo era a dos aguas. El valor sentimental de la propiedad era incalculable. Fue mucho lo que gané con esta vivencia. Al mismo tiempo que se levantaba la casa, una estructura más fuerte que nos daría cobijo, me levantaba yo como una mujer más estructurada, determinada y mucho más fuerte en el plano emocional.

Ciertamente ver como Mami manejó la crisis aferrándose a su fe y recurriendo a Dios como su recurso más valioso, fue una gran enseñanza. De seguro se sintió tan vulnerable como yo cuando vio la casa en escombros luego del huracán. Quizás le surgieron todas las inseguridades al no contar con el apoyo de un buen esposo que por lo menos le diera un abrazo de consuelo. Debe haber sentido todo el peso de la responsabilidad que trae el ser jefa de familia y madre criando sola. Hoy entiendo que su ejemplo me ha servido de gran ayuda. Su determinación y valentía me inspiran a luchar día a día por mi familia no importando cuál sea el escenario.

CAPÍTULO 5

ALCANZADA

HAY UNA PROMESA hermosa que Dios nos ofrece a los padres: *"Instruye al niño en el camino correcto, y aun en su vejez no lo abandonará"* (Proverbios 22:6).

La Palabra de Dios es vida y una vez sembrada en un corazón joven, a su tiempo germina. En mi caso, después de mucha parranda y relaciones de codependencia, finalmente me reconcilié con mi Padre celestial. Dios me había alcanzado y lo hizo hábilmente utilizando mis propios vacíos. Mi necesidad de afecto era inmensa. Había intentado llenar mi corazón y mi falta de amor con diferentes relaciones inestables. Olvidaba buscar donde siempre hubo suficiente amor para mí: en Jesucristo.

Mi hermana menor, Sisy, como la llamamos cariñosamente, para esa fecha había experimentado su propio encuentro con el Señor.

LA PALABRA DE DIOS ES VIDA Y UNA VEZ SEMBRADA EN UN CORAZÓN JOVEN, A SU TIEMPO GERMINA.

Al igual que yo, se había alejado de Dios durante su adolescencia. En esos días nuevamente había sido alcanzada por Cristo y disfrutaba de eso que llaman "el primer amor". Ella nos estaba visitando unos días y era impresionante verla tan cambiada. Junto a Mami, disfrutaban de escuchar música cristiana. Para ser honesta, sentía que me la imponían en su empeño de evangelizarme, así que trataba de ignorarla. Un buen día llamó mi atención la voz y el estilo del intérprete que se escuchaba sonando desde la cocina. La música se metía hasta en el último rincón de la casa. Era Marcos Vidal y la canción se titula "El milagro". Solo porque me intrigó su acento, quise escuchar lo que decía y mi corazón fue estrujado. Dicha canción está escrita desde la perspectiva de una persona recién convertida al Evangelio. Expresaba su sorpresa por la misericordia alcanzada a pesar de haberle faltado al Señor. La letra dice:

"Aún no puedo asimilar lo que me ha sucedido. El milagro más glorioso que yo he vivido, que después de malgastar lo que no era mío, no he tenido que pagar. Traicioné a aquel que me perdonó la vida, humillé al que curó toda mi herida, y en mi huida coseché lo que merecía, y desvanecido en mi dolor, en algún momento Él me encontró. Y he despertado en el redil, no sé cómo, entre algodones y cuidados del Pastor, y antes de poder hablar de mi pasado, me atraviesan sus palabras y su voz: Que se alegra tanto de que haya vuelto a casa, que no piense, que descanse, que no pasa nada, y dormido en su regazo, lo he sabido, tengo vida, tengo dueño y soy querido"[1].

Para mi sorpresa, la canción no solo logró capturar mi atención sino que logró hasta conmoverme al punto de sentir la necesidad de ser rescatada también. Quería experimentar eso tan hermoso que narraba el autor. Era algo que mi espíritu necesitaba y a lo cual yo me resistía. Por otra parte, sentirme confrontada por un tema así, a mi carne no le gustaba para nada. Lo que no pude evitar fue el pensar, que si en algún momento al igual que le había pasado ya a mi hermana Sisy, yo me reconciliaba con Dios: eso sería lo primero que cantaría. Días después Mami me invitó a la iglesia. Siempre lo hacía pero yo había desarrollado cierta apatía a todo lo que tuviera que ver con Dios. Tenía un NO rotundo y seco en la punta de los labios para todo aquel que quisiera invitarme a un culto. A diferencia de otras veces, accedí a ir. Allí me encontré con un grupo de jóvenes haciendo pantomimas con otro tema de Marcos Vidal: "Cara a cara". Nuevamente fui por la letra de esta alabanza. Por segunda vez en pocos días de diferencia, me visualicé relacionándome con Dios otra vez. En esta ocasión me imaginé tal como lo describe la canción, cayendo como una niña a los pies de Jesús con el corazón lleno de agradecimiento, por el regalo tan hermoso de la salvación.

"Solamente una palabra, si es que aún me queda voz, y si logro articularla en tu presencia, no te quiero hacer preguntas, solo una petición, y si puede ser a solas mucho mejor. Solo déjame mirarte cara a cara, y perderme como un niño en tu mirada, y que pase mucho tiempo, y que nadie diga nada, porque estoy viendo al Maestro cara a cara. Que se ahogue mi recuerdo en tu mirada, quiero amarte en el silencio y sin palabras, y que pase mucho tiempo, y que nadie diga nada. Solo déjame mirarte cara a cara. Solamente una palabra, solamente una oración, cuando llegue a tu presencia oh, Señor"[2].

Al igual que la vez anterior, no me gustó tener que ver en mí la necesidad de Dios. Ese vacío espiritual que tanto me esforzaba por disimular, era real. Tenía que reconocerlo y enfrentarlo. No podía seguir pretendiendo llenarlo con cosas vanas y relaciones inestables. No quería admitir que Dios me llamaba. Mucho menos confesar públicamente que había sido tocada por el Señor. Se me estaba haciendo duro ignorarlo, pero reconciliarme con Dios era algo que yo no quería hacer.

En algún momento de mi vida me había creído traicionada por Él, aunque no había nada de cierto en ello. También el Dios que se me había presentado en la niñez, no era un Dios de amor. Era uno opresor. No lo conocía, y por eso me resistía. Pero el llamado era tan fuerte que un día manejando al trabajo por una carretera rural rodeada de vegetación, decidí abiertamente confrontarlo. Muy atrevida y a viva voz le lancé un reto diciendo: "¿Sabes qué? A mí me encanta la vida que llevo. Si quieres que te sirva no va a ser por miedo, ni porque me quedo en el rapto, ni por el anticristo ni por nada. Va a ser por amor. Así que si me quieres, ¡enamórame!".

Y así lo hizo. Era obsesionante. Tanto el primer pensamiento del día como el último se lo dedicaba a la posibilidad de una reconciliación con Dios. No podía pensar en otra cosa. Un 31 de enero del 1998 volví a visitar la iglesia, en esta ocasión para una boda de unos vecinos. Estaba inquieta en mi silla velando el momento en que se hiciera el llamado para ir corriendo a aceptar a Jesús como mi único y exclusivo Salvador. Nunca lo hicieron. Al llegar a la casa, llamé al cuarto a mi tía Luchy, que nos visitaba nuevamente para esos días, y le pedí desde el cuarto: "¡Tía! Ven, ora por mí que me voy a convertir. Pero ven a orar ahora mismo". Le recalqué: "...porque si no, no lo hago". Tanto ella como mi madre estaban tan sorprendidas, como lo estaba yo. Pero ese era el momento. No lo podía seguir posponiendo. Y fue así. Ahí en mi cuarto, sin grandes protocolos, acepté a Jesús como mi Salvador. Fue una oración sencilla que cambió mi vida para siempre. Días después fui a la iglesia y acepté a Jesús públicamente.

Desde entonces vivo perdidamente enamorada de Aquel que me amó tanto que decidió entregarse en la cruz del Calvario por mí. Le doy gracias por la oportunidad que me dio de conocerlo, porque a pesar de haber escuchado de Jesús desde mi infancia, nunca me había relacionado con Él. Ahora puedo decir que tengo una relación personal con el Señor. Finalmente como dice la Palabra en Job 42:5, le conozco: *"De oídas había oído hablar de ti, pero ahora te veo con mis propios ojos"*.

Es por eso que ahora mismo te lanzo la invitación. Ahí donde sea que te encuentres, tú también puedes aceptar a Jesucristo. Es maravilloso ser restaurado, renovado y limpiado por su sangre. Solo repite las siguientes palabras: "Señor Jesús: Te acepto como mi único y exclusivo Salvador. Por favor, perdona mis pecados y escribe mi nombre en el libro de la vida. Amén".

Capítulo 6

EL LLAMADO

Como ya mencioné, mi papá nunca asistió a una escuela. Aprendió a leer, a escribir, a sumar, a restar y a dividir, gracias a algunos programas gubernamentales de rehabilitación vocacional que había recibido. Estas destrezas le fueron de gran ayuda, y luego con otro tipo de asistencias, terminó abriendo su propio negocio. Se trataba de un tipo de barra o tienda de licores con mesas de juegos que se llenaba de borrachos y mujeres a medio vestir. Papi, que era un alcohólico, jugador, mujeriego y pésimo administrador, en poco tiempo lo perdió todo. Mi mamá por otra parte sólo tenía un segundo grado de escolaridad. No tenía ningún otro pariente cercano con una profesión u oficio a quien imitar.

Recuerdo que cuando cursaba el primer grado de escuela primaria, mi maestra de salón hogar, la señora Andino, preparó para el Día del Trabajo un programa especial para los estudiantes y sus padres. Todos los niños debían escoger cuál sería su oficio cuando fuesen adultos y tenían que vestirse como tal. También recitar un verso alusivo al mismo que la maestra nos proveería. A penas contaba con tan solo seis años de edad, pero aún lo recuerdo: "Cuando sea grande, secretaria seré. Escribiré a maquinilla y el archivo arreglaré". Para celebrar el Día del Trabajo en primer grado, le anuncié a mi maestra que quería ser secretaria. El día de la presentación, todos los estudiantes de primer grado fueron disfrazados con los diferentes atuendos alusivos a las profesiones que habían elegido. En mi caso, no conocíamos de un tipo de vestimenta en específico para representar el oficio de secretaria. Mami tampoco contaba con el tiempo y la creatividad para hacer uno para mí. Cuán grande fue mi sorpresa, cuando a última hora Mami salió a comprarme un vestidito en una tienda frente a la plaza. Lo recuerdo como ahora. Usualmente vestía con ropa de segunda mano y el que fuese a comprar un vestidito para mí, me llenaba de emoción. Con mucho entusiasmo, tal como mi maestra me había indicado, declamé aquellas líneas. Veinte años después nadaba entre pilas de documentos con un teléfono que no paraba de sonar y atendiendo las exigencias de cinco ingenieros. Casualmente, me había tocado fungir como secretaria mientras cursaba mis estudios universitarios. Oficio que me ayudó muchísimo, pero en el fondo sabía que no era lo que Dios tenía pensado para mí.

De niña, el dinero que Mami llevaba al hogar, era el justo para pagar los servicios básicos y comer. Todo el dinero que le enviaban a mi papá, se lo tomaba y se lo daba a beber a otros. En mi casa no había lujos, no viajábamos a vacacionar y la educación académica que recibimos era la provista por el gobierno. Mi madre no pudo ahorrar para mis estudios universitarios porque en primer lugar, no sobraba dinero para ahorrar. Y segundo, porque su visión y compromiso en cuanto a mi preparación académica, era la que yo misma pudiera darme. Para ellos, el que lograra terminar mi cuarto año de escuela superior era suficiente. De mí no se esperaba mucho más.

Ya entrando en mi adolescencia, cuando me tocó preguntarme a qué me quería dedicar, no se me ocurría nada. Al pensar en las cosas que disfrutaba hacer, la respuesta era escuchar la radio. De ahí nace todo. Escuchaba música constantemente. Pasaba horas y horas encerrada en el cuarto, no solo cantando y bailando mis canciones favoritas, sino imitando frente al espejo a mis locutoras favoritas de la radio local. Ya alguien me había señalado el hecho de que tenía una voz particular, así que se me ocurrió la idea de tomar un curso de locución. Tendría unos trece años cuando supe que quería ser locutora.

Quince años después, cuando ya había desistido de tener una carrera radial, comencé esta aventura que tanto disfruto. Por

DESDE ANTES DE LA FUNDACIÓN DEL MUNDO SE HABÍA ESCRITO UN PROPÓSITO QUE HABÍA QUE CUMPLIR.

años preparé y repartí demos a diferentes emisoras de radio que no llegaron a ningún lado. En algunas me permitieron practicar, aprender a manejar la consola y hasta hacer mis primeras intervenciones al aire, pero todo se quedaba en nada. Me relacionaba con locutores distinguidos, directores de programación, gente con posiciones estratégicas en la industria radial de mi país, pero nada pasaba. Estudié Comunicaciones en la universidad, me codeaba entre comunicadores todo el tiempo, y jamás tuve la oportunidad de tener un turno en una estación radial. Era como si todo conspirara para que mi carrera en radio no se diera.

Al encontrarme apartada de los caminos del Señor, sólo podía contar conmigo misma, mis contactos, mis recursos y capacidades. Ignoraba por completo a Dios y el hecho de que Él ya tenía un plan trazado para mi vida. Desde antes de la fundación del mundo se había escrito un propósito que había que cumplir. Ese no era el tiempo de Dios para que yo estuviese en la radio, y esa no era el tipo de radio en la cual Él quería que yo ejerciera. Celosamente se reservaba el talento que Él mismo me había dado para su Reino y para su gloria. Al día de hoy sigue siendo así. Pero antes de que este plan pudiese ejecutarse, primero tenía que arrepentirme de mis malos caminos y volver a Él. Eso lo entendí años después.

Ministerio radial

Una vez que me reconcilio con el Señor, en enero del 1998, resurge en mí la inquietud de intentar una carrera como locutora radial. Todo acababa de cambiar en mi vida, ya no era la misma mujer ni tenía el mismo sentir. Experimentaba una sensación deliciosa de pertenencia que era nueva para mí. Nunca antes me había sentido tan amada y aceptada. Me sabía perdonada y estaba en el proceso de aprender a perdonarme a mí misma por haber ofendido tanto a Dios. Reconocía también que tenía que pedirles perdón a muchas personas que había ofendido con mi comportamiento, mi orgullo y mi altanería. Las había escandalizado sin necesidad y estaba realmente arrepentida. Quería hacer las cosas bien, vivir de manera diferente y servir en el reino de Jesucristo. Visualizaba en esa carrera radial la oportunidad perfecta para hacer aquello a lo que fui llamada: Predicarle a otros de Jesús con mi testimonio utilizando los dones que se me habían otorgado. Mi fin no era ser famosa en el ámbito radial o llamar la atención hacia mi persona para llenar los vacíos que había arrastrado desde mi niñez. Esos, el Espíritu Santo ya los había llenado con su gozo, pero el llamado era fuerte y claro. Sentía la urgencia por responder.

Como cristianos, todos tenemos la responsabilidad de cumplir con ese último mandamiento que nos dejara Jesús y que encontramos en Marcos 16:15: *"Les dijo: 'Vayan por todo el mundo y anuncien las buenas nuevas a toda criatura'"*.

En Mateo 25:14–30, encontramos a Jesús narrando la parábola de los talentos o de las monedas de oro. En ella se nos presenta a un amo que llamó a tres de sus siervos y les entregó unos talentos de acuerdo a sus capacidades. A uno le dio cinco, a otro dos y al último solo le entregó uno. Eventualmente cada uno de ellos tuvo que rendirle cuentas a su señor de lo que hizo con los mismos. Los primeros dos duplicaron sus talentos. Al que se le dio cinco devolvió diez, al que se le entregó dos, devolvió cuatro. Su señor se regocijaba con ellos. Sin embargo, no fue así con aquel que se le dio uno. Este último enterró su talento por miedo a perderlo. Desde el versículo veintiséis nos dice: *"Pero su señor le contestó: "¡Siervo malo y perezoso! ¿Así que sabías que cosecho donde no he sembrado y recojo donde no he esparcido? Pues debías haber depositado mi dinero en el banco, para que a mi regreso lo hubiera recibido con intereses". Quítenle las mil monedas y dénselas al que tiene las diez mil. Porque a todo el que tiene, se le dará más, y tendrá en abundancia. Al que no tiene se le quitará hasta lo que tiene. Y a ese siervo inútil échenlo afuera, a la oscuridad, donde habrá llanto y rechinar de dientes".*

A todos se nos entregaron unos dones o talentos para que los pusiéramos a trabajar a favor del Reino del Señor. En mí solo lograba identificar la habilidad para comunicarme y un tono de voz particular, que para algunos parecía ser grato. No era mucho, pero estaba dispuesta a ponerlos a trabajar al servicio de Dios. Quería ser como los primeros dos siervos y poder rendirle buenas cuentas a mi Señor de lo que hice con los talentos que me había dado. Me gusta pensar que es por esa razón, que con tanto celo, Dios no me permitió trabajar en la radio. De haberlo logrado, de seguro solo hubiese sido una voz más entre muchas otras que llevan palabras vacías. El propósito de Dios para mí siempre fue que pudiera alimentar a esos mismos corazones, con palabras de aliento y vida de parte de Dios. Pero para que ese plan se ejecutara, el Señor tenía que trabajar conmigo primero. Tenía que estar conectada espiritualmente hablando y ya al fin parecía que el momento había llegado.

Así fue como a solo un mes de haberme reconciliado con Dios hice una llamada que cambió mi vida para siempre. Un día cualquiera llamé a la primera estación radial cristiana que fue fundada en la isla de Puerto Rico: 104.1 Redentor. Recuerdo haber preguntado por el entonces gerente general o el director de programación de la radio teniendo muy pocas expectativas de que me atendiera. Estos son cargos de mucha responsabilidad y usualmente las personas que los desempeñan están muy ocupadas. Grande fue mi sorpresa cuando me pasaron al entonces gerente general de la estación, el reverendo Lemuel Rivera

Tormos. Me sorprendió su disponibilidad. Mayor aún fue mi sorpresa cuando al preguntarle sobre la posibilidad de tomar prácticas como técnico de controles en la emisora, dijo que sí. Me citó y días después llegué puntual a una entrevista breve, en la cual se me autorizó comenzar las prácticas en el área de los controles. Las preguntas fueron simples: ¿A cuál iglesia asistes? ¿Quién es tu pastor? Quiso saber cuánto tiempo tenía ya en el evangelio y si era o no bautizada. ¿Bautismo?, me pregunté. ¡Había olvidado eso por completo! Al dejar de congregarme comenzando mi adolescencia, nunca llegué a bautizarme. Era algo con lo que tenía que cumplir, no tan solo para llenar unos requisitos para poder eventualmente trabajar en la radio cristiana, sino porque así lo establece la Biblia: *"Por tanto, vayan y hagan discípulos de todas las naciones, bautizándolos en el nombre del Padre y del Hijo y del Espíritu Santo"* (Mateo 28:19).

Es de costumbre en muchas de nuestras iglesias aceptar a Jesucristo como nuestro Señor y Salvador públicamente, como Él mismo lo mandó. Una vez que somos debidamente discipulados, nos llevan a las aguas bautismales y frente a testigos somos bautizados. Era algo con lo que debía cumplir pero me preocupaba el hecho de que hacía apenas unas semanas comenzaba a congregarme. Llevé mi inquietud ante mis líderes en la congregación donde me reconcilié. Me informaron que al siguiente mes estarían bautizando un grupo el cual ya había comenzado su proceso de discipulado. Las clases estaban avanzadas y yo no había tomado ninguna. Uno de los líderes ofreció dármelas individualmente y de manera intensiva para que yo también pudiese ser bautizada con ese grupo. Así lo hicimos y a principios de marzo del 1998, no solo era nueva criatura en Cristo Jesús, sino que ya me había bautizado en las aguas. Tenía también un nuevo empleo como técnico de controles en la radio 104.1 Redentor.

Lo aprendido

Fue un momento hermoso en mi vida no tan solo porque ya había regresado a los brazos de Papá, sino porque entendí para lo que había sido hecha. Aquellas puertas que había tocado en las otras emisoras de radio, eran las incorrectas. Cuando estuve lista, Él mismo propició la oportunidad. Acomodó todos los elementos para que yo pudiera hacer lo que fui llamada a hacer. Cuando Dios está operando a favor nuestro, todo se ordena y fluye. No hay que forzar nada. Él abre todas las puertas para nosotros. El Señor me llevaba por un camino acelerado a cumplir con un llamado para el cual me había separado toda la vida. En el momento de Dios, todo se dio. Con esta experiencia aprendí a esperar en Él y a no desanimarme cuando recibo un "No". Las respuestas negativas pueden ser muy positivas, especialmente si vienen de parte de Dios. Él sabe lo que hace.

Capítulo 7

EL MÓDEM

DESPUÉS DE ALGUNAS relaciones donde sentía que tenía que entregar por demás, como forma de compensación, el día de mi cumpleaños número veintiocho llegó a mi vida Juan Carlos. Un buen día mi computadora, que era nueva, se descompuso. Supuse que era algún problema con mi proveedor de internet. Llamé a la línea de servicio técnico de la compañía para que me asistieran. Allí me respondió un hombre de voz grave, que juzgando por su tono, pensé era tan viejo que podría ser mi padre. Resultó que solo me llevaba siete meses de edad. En parte, no estaba tan lejos de la realidad. Dios, dentro de su plan maravilloso, me había puesto en contacto por primera vez con aquel que redefinió mi concepto de lo que era un hombre y un padre. Los recuerdos que había dejado mi papá fungiendo estos roles eran negativos. Por otro lado, mi mamá basándose en sus malas experiencias, decía que todos los hombres eran iguales. Que todos eran unos perros que golpeaban, engañaban y abusaban. Con todo el respeto que su recuerdo se merece, doña Aurelia Díaz, mi mamá, se equivocó. No todos los hombres son iguales, así como no todas las mujeres lo somos. Pero eso lo entendí muchos años después.

Fidalgo, cómo se identificó utilizando solo su apellido, trató de ayudarme a corregir el problema con mi computadora por teléfono, dándome algunas instrucciones básicas para que yo las ejecutara. Quería saber si era una falla en mi equipo porque la compañía de internet, al momento, no presentaba ninguna avería. Al final concluyó que era un problema con el módem de mi computadora y me recomendó llamar a un técnico. Le expliqué que no conocía ninguno y él, tratando de mostrar desinterés, me dijo iba a ayudarme llamando a un amigo que era técnico de computadoras. Años después me enteré que jamás hizo tal llamada. Que había elegido ir él mismo para así conocerme. Mi voz le había gustado. Luego de un rato me contactó nuevamente para decirme que iba a tener que ir él personalmente a verificar mi computadora. Lo cité en mi casa para que pudiera reparar el módem de mi computadora y terminó arreglándome la vida. Sin duda ha sido el mejor regalo de cumpleaños que he podido recibir.

Juan, al igual que muchas otras personas, inicialmente fue capturado por mi voz. Me pasaba con frecuencia que muchos cuando me veían, después de haberme escuchado al teléfono o en la radio, terminaron decepcionados. Ya estaba acostumbrada a las caras de desilusión y a la frase: "Yo te imaginaba diferente". Al contrario de todos los demás, Juan Carlos al verme se entusiasmó, y quiso conocer más de mí. Yo, por mi parte, me encontré frente a un hombre mucho más joven de lo esperado con una cara hermosa y un problema de obesidad parecido al mío. Quise tratarlo como me gustaba que me tratasen cuando recién me conocían. Así que de plano fui simpática, cordial y divertida para compensarle de alguna forma lo que ya esperaba que pasara: que se desilusionara. Sin embargo no fue así. La expresión de su cara no cambió cuando me vio por primera vez, sino que más bien estaba muy atento a todo lo que decía y muy interesado en conocerme. A mí, él me parecía serio, inteligente y con una sonrisa preciosa. Nos casamos poco después. Ambos reconocemos que fue un noviazgo corto y que casarse era una decisión importante. Luego entendí el porqué del proceso tan rápido. No teníamos tiempo de más.

Capítulo 8

LA SEQUÍA

TUVE UN GRAN ejemplo de lo que una madre debe ser y la maternidad es algo que siempre anhelé. Desde pequeña ensayaba mis roles con muñecas y a medida que iba creciendo, pretendía acercarme a cuánto bebé veía. Sentía siempre la necesidad de velar por los niños que me rodeaban aunque ya hubiese alguien pendiente. Al ser de las menores en mi casa y estar rodeada de hermanos y primos adultos, siempre tuve niños cerca para ayudar a cuidar. Fue un muy buen taller y una experiencia hermosa que aún atesoro. Se dice que los sobrinos son los primeros hijos, y no se equivocan. Los amo como tal.

Ya de adulta y para el tiempo en que arreglaba mis asuntos con Dios, mi mamá se había jubilado. Poco a poco todos mis hermanos y demás parientes fueron emigrando con sus familias a los Estados Unidos, y vivíamos tan sólo ella y yo en la casa. Mami frecuentaba una gran amiga suya que había elegido hacer de su casa un hogar sustituto. Esto es un programa del gobierno local para que niños maltratados, que por seguridad habían sido removidos de sus hogares, pudiesen vivir temporalmente con otras familias. Se pretendía que fuese un servicio temporal en lo que los menores eran reubicados con sus familiares o liberados para ser dados en adopción. Para nosotras fue sólo una oportunidad de proveerles algo de amor a niños en un ambiente seguro y cristiano. Dios nos había provisto con lo necesario para abrir nuestro propio hogar sustituto y así lo hicimos. Por nuestra casa pasaron ocho niñas en un periodo de cinco años, quienes me llamaron "Mamá" y me hicieron sentir como tal sin yo nunca haber dado a luz. Las llegamos a amar muchísimo y ellas a nosotras. Hoy en día son mujeres con sus propias familias, y con algunas sostengo una relación estrecha. Otras al haber sido adoptadas o entregadas de vuelta a sus familiares originales, perdí el contacto.

Ese martes en la tarde en que Juan Carlos llegó a mi casa por primera vez, yo estaba en plena faena vespertina con cuatro niñas entre las edades de dos a diez años. Había que darles de cenar, ayudarles a hacer sus tareas, asegurarse de que se dieran un baño y que aterrizaran en la cama a la hora indicada. Para él, ese tipo de dinámica no era nueva porque venía de una familia numerosa. Tenía cinco hermanos. Lo que le impactó fue el hecho, de que siendo yo soltera y sin hijos propios, me diera a la tarea de ser la madre sustituta de estas niñas con todos los compromisos y responsabilidades que esto conlleva. Luego supe que fue en ese preciso momento que decidió casarse conmigo.

Al formar nuestra propia familia, tanto mi esposo como yo, siempre quisimos ser padres. Sabíamos que debíamos esperar un tiempo razonable para disfrutar de nuestra relación, acoplarnos, estabilizarnos económicamente y concluir algunos proyectos personales antes de tener hijos. Yo estaba de acuerdo, pero a mí me preocupaba el hecho de que mi reloj biológico avanzaba y tenía presente que padecía de un descontrol hormonal hacía ya varios años. El mismo era causado por mi obesidad y me dejaba sin periodo menstrual por largos meses. En otras ocasiones, podía sufrir de hemorragias tan graves que tenía que ser intervenida quirúrgicamente para poder detenerlas. El tratamiento que ofrecía el ginecólogo era regular mi ciclo menstrual con píldoras anticonceptivas. Tanto la enfermedad como el tratamiento impedirían mi maternidad, porque afectarían directamente mi capacidad reproductiva. Quise ir al médico para que me examinase y viera cuáles eran mis posibilidades reales de concebir. Las noticias no fueron gratas. Dada mi irregularidad menstrual, no se me iba a hacer fácil tener hijos. Me sentí frustrada. Me parecía irónico que viniendo de una familia donde tradicionalmente las mujeres terminaban siendo esterilizadas, que yo necesitara tratamientos para un problema de esterilidad. Amaba los niños y había querido ser madre toda la vida. ¿Cómo era posible recibir un diagnóstico similar? Me parecía todo tan injusto, en especial para Juan a quién no se le había diagnosticado ningún problema y sentía que le estaba privando de su derecho a tener hijos biológicos. Eso complicaba aún más el panorama porque me causaba mucha ansiedad. Me sentía responsable por su paternidad.

Quise tomar control de mis circunstancias empezando un tratamiento médico en una clínica especializada en tratar mujeres con problemas de esterilidad. El mismo era a base de hormonas y debía tomar unas en específico para provocar mi periodo menstrual y otras para provocar la ovulación. Debía de estar pendiente al calendario, hacer dieta, ejercitarme y tomar vitaminas. Fueron días de mucha ansiedad especialmente al final del ciclo cuando mes tras mes me hacía la prueba de embarazo y recibía el mismo resultado negativo. Lloraba de decepción por ese sabor amargo que nos provoca pensar que Dios se ha olvidado de nosotros. Estoy segura de que me hubiese evitado mucho sufrimiento si hubiera orado pidiéndole dirección al Señor antes de tomar cualquier decisión. Recuerdo esta temporada de mi vida como una de sequía espiritual. Al igual que Saraí la esposa de Abraham, yo quise ayudar a Dios. La Palabra nos narra en Génesis 16:1–2: *"Saray, la esposa de Abram, no le había dado hijos. Pero como tenía una esclava egipcia llamada Agar, Saray le dijo a Abram: —El Señor me ha hecho estéril. Por lo tanto, ve y acuéstate con mi esclava Agar. Tal vez por medio de ella podré tener hijos. Abram aceptó la propuesta que le hizo Saray"*.

No obstante, Dios no necesita de mi asistencia. Debía simplemente esperar en Él. Mi afán por planificar y controlar me llevó a la frustración, y esta a su vez a alejarme de Dios. Un día me recuerdo transitando por una carretera en mi natal Carolina, y encontrarme con una mujer en avanzado estado de gestación. Caminaba en medio del tráfico evidentemente drogada. Pedía dinero mientras se tambaleaba entre auto y auto. Para entonces ya yo tenía casi dos años en tratamiento para la esterilidad sin ver resultados positivos. Me sentía tan fría espiritualmente que ni siquiera logré sentir compasión por aquella vida. Más bien me enojé. "De seguro ella va a ser mejor madre que yo. Por eso le das hijos a ella y a mí no", le dije a Dios de manera sarcástica.

> DIOS NO NECESITA DE MI ASISTENCIA. DEBÍA SIMPLEMENTE ESPERAR EN ÉL.

Esa fue mi reacción. Siento muchísima vergüenza de recordarlo pero tristemente no fue siquiera la única vez. Ya para entonces, en raras ocasiones cuándo oraba, lo hacía más bien en una actitud de reclamo utilizando frases de reproche cómo: "Dijiste que no habrían mujeres estériles en tu tierra". Y, "Hasta mi perra pare". "Todo el mundo pare menos yo". Logré hasta entristecerme cuando me enteraba de que otras mujeres cercanas a mí quedaban embarazadas aun sin haberlo deseado. Ya me estaba desesperando. Qué bueno que las misericordias de Dios son nuevas cada mañana. Qué bueno que Él nos comprende y nos perdona cuando nos arrepentimos sinceramente.

Nuevamente sentía que Dios me había dado la espalda cuando en realidad era yo quién me apartaba de Él aunque seguía visitando la iglesia y trabajando en la radio cristiana. Muchas veces cuando servimos en el Reino, nos creemos tan cercanos a Dios que nos sentimos merecedores de un trato especial de su parte. Olvidamos que hasta el mismo Maestro enfrentó pruebas y quebrantos. Jesús nos anuncia en Juan 16:33: *"Yo les he dicho estas cosas para que en mí hallen paz. En este mundo afrontarán aflicciones, pero ¡anímense! Yo he vencido al mundo"*.

Tuve que esperar dos años más para ver resultados positivos. Ya cuando estaba a de punto a pasar a una fase mucho más agresiva e invasiva en el tratamiento para la esterilidad, recibo la buena noticia de que estaba embarazada. Fue uno de los días más felices de mi vida. Al fin me había "realizado como mujer". Sí. Así me sentía. Tristemente, era una de las cosas que me llegaban al pensamiento constantemente y que se me hacía difícil de manejar. Había condicionando mi realización como mujer a la maternidad. Era otro estrés adicional a la lista que ya parecía interminable: la paternidad de Juan y el tictac del reloj biológico. La presión de la familia y los curiosos cada vez que traían la pregunta más dolorosa del mundo: "¿Cuándo tendrán hijos?". ¡Al fin ya tenía una respuesta positiva para darles! Sentía que Dios finalmente me levantaba ese castigo de la esterilidad. Supuse que se acordaba de mí. No le conocía aún. Inconscientemente seguía visualizándole como un dios caprichoso e injusto que por ratos se ensañaba conmigo. Estaba tan ciega que no me daba cuenta que había tratado de imponer mi propia agenda, en mi propio tiempo, sin consultar los planes que Él tenía para nosotros.

Gestando sueños

Nunca había estado tan feliz y asustada a la vez. Me sentía entusiasmada, aliviada, pero al mismo tiempo estaba nerviosa. Me preocupaba el hecho de que estaban ocurriendo un millar de cosas dentro de mi cuerpo por minuto y con solo una que saliera mal, todo se podía echar a perder. Por igual estaba satisfecha porque había hecho todo lo que me correspondía para tener un embarazo normal: dormía bien, me alimentaba apropiadamente y tomaba mis vitaminas prenatales religiosamente. Nunca faltábamos a una cita para los chequeos de rigor y los síntomas del embarazo fueron los esperados. Todo andaba perfectamente bien. Cuando estaba próxima a cumplir las veinte semanas de gestación, me ordenaron un estudio de ultrasonido para ver cómo iba el desarrollo del bebé. Lo realizaron un lunes y había que esperar varios días antes de que llegaran los resultados para luego llevarlos al grupo de doctoras que me atendía. Mientras tanto, aprovecharía para irme de vacaciones a la playa con mis familiares tal y como habíamos planificado para ese fin de semana.

Había ya transcurrido nueve días cuando recibí una llamada que nunca olvidaré. Era de parte de una de las doctoras que me atendían diciendo que querían verme de inmediato en la oficina. "Pero, ¿ahora mismo?", pregunté. "Sí. Ahora mismo", respondió muy seria la secretaria. El mundo se me fue a los pies. Sospechaba que algo andaba muy mal pero no tenía ni idea de qué pudiera ser. Me comuniqué con Juan y sin vacilar llegamos al consultorio y allí me examinaron nuevamente. Me dieron la noticia de que las pruebas de ultrasonido habían arrojado que el bebé contaba con muy poco líquido amniótico. Era algo muy grave. Había que realizar otros estudios y me dijeron que tenía que estar en descanso absoluto. Tenía también que comenzar a tomar grandes cantidades de agua para que así le llegara al bebé a través del cordón umbilical de esta manera el líquido amniótico aumentaría. En estudios realizados días después por otro obstetra especializado en embarazos de alto riesgo, se me informó que la causa de la pérdida del líquido era que el saco amniótico estaba perforado. Había roto fuente. Al ver los resultados del segundo estudio, una de las doctoras nos dijo fríamente: "No tengo una pastillita mágica que te lo cure. Tu bebé tiene un cinco por ciento de posibilidades de sobrevivir y si nace ahora…(contaba con tan solo 21 semanas de gestación) va a sufrir de retraso mental, condiciones en la piel, ceguera y malformación de las extremidades, entre otras".

En un artículo publicado por la página web Medline Plus en español se describe el líquido amniótico de la siguiente manera:

> "Es un líquido claro y ligeramente amarillento que rodea el bebé (feto) dentro del útero durante el embarazo y que está contenido en el saco amniótico". Más adelante describe: "El líquido amniótico se mueve (circula) constantemente a medida que el bebé lo traga y lo 'inhala' y luego lo libera"[1].

El líquido amniótico ayuda:

- Al feto a moverse en el útero, lo cual permite el crecimiento óseo apropiado.

- Al desarrollo apropiado de los pulmones.

- A mantener una temperatura relativamente constante alrededor del bebé, protegiéndolo así de la pérdida de calor.

- A proteger al bebé de lesiones externas al amortiguar golpes o movimientos repentinos.

A pesar de todos los cuidados prenatales y la atención médica recibida, el embarazo se había complicado. Me habían diagnosticado "Oligohidramnios" que no es otra cosa que poca cantidad de líquido amniótico. Me internaron en el hospital en descanso absoluto para vigilar de cerca las cantidades de líquido. Debía someterme a hacer otros estudios para descubrir qué provocaba esta situación tan particular. Al principio como de costumbre, oré. Mi familia, la congregación y mucha gente que me conocía y me apreciaba a lo largo y ancho del planeta se volcaron en apoyo. Le pedían a Dios en oración que cuidara de mi bebé y de mí. Yo por mi parte aprovechaba cada una de mis oraciones para expresar mi descontento al Señor y sacarle en cara todo el sufrimiento que atravesaba inmerecidamente. Reprochaba lo injusto de la esterilidad y lo incensario de esa crisis que vivía en el embarazo. Le exigía que todo estuviera bien de manera inmediata. Una vez más me acercaba a Él irreverentemente. Yo estaba enojada con Dios y le culpaba por mi situación. Sentía que se ensañó conmigo sin ningún motivo. Mientras tanto, yo continuaba tratando de agotar todos los recursos terrenales disponibles. Sabía que Dios podía hacer el milagro, pero insistía en tratar de controlar mi panorama, poniendo mi confianza en las capacidades de los médicos que me rodeaban primeramente y viendo en Dios un plan B. Mi fe era frágil. Decía que confiaba en que el Padre haría el milagro, pero insistía en ayudarle a hacer bien su trabajo. Subestimaba su capacidad de hacer cosas extraordinarias, desconfiaba de sus buenas intenciones y sobre todo de su amor hacia mí.

Mis niveles de ansiedad eran cada vez más altos. Los días pasaban conmigo acostada en reposo absoluto. Vivía torturada por el miedo a perder el embarazo, y me agotaba preguntándome qué era eso que yo podía hacer para mejorar mi situación. Daba la milla extra cumpliendo al pie de la letra con todas las recomendaciones médicas. Tenía demasiado tiempo para pensar y sufría viendo la casa deteriorándose, mientras yo continuaba en mi cama girándome de un lado al otro. No debía sentarme o reclinarme. Comía y hacía mis necesidades acostada. Solo podía levantarme menos de cinco minutos al día para ir al baño y asearme. Mis salidas se limitaban a una en semana a visitar el médico y tenía que ser transportada acostada. No podía manejar ni estar en pie porque sentía salir el líquido amniótico por gravedad cada vez que intentaba levantarme. El saco estaba roto, podía surgir una infección en cualquier momento. La vida del bebé corría peligro y la mía también.

Me pasaba gran parte del día sola, así que trataba de dormir la mayor cantidad de tiempo posible, pero mi mente no lograba hacer silencio. Oraba mucho, pero ya no eran súplicas y mucho menos oraciones de gratitud, porque hasta ese momento Dios nos había guardado. Más bien eran secciones de garatas, reproches y exigencias expresando mi descontento. Estaba llena de frustración y dolor, no solo por mi incapacidad de resolver el asunto, sino porque ante mis ojos, el Señor no parecía tener intenciones de intervenir. Mi mamá me aconsejaba una y otra vez que soltara mi carga, que pusiera las cosas en las manos del Señor para que Él hiciera lo que tuviera que hacer, que debía confiar. Yo le respondía que no. ¿Qué tal si lo que Dios quería era llevarse a mi bebé? A pesar de que conocía de la soberanía del Padre, en ese momento no quería reconocerla. Sentía como si al rendirme le estuviera otorgando a Dios un permiso especial para quitarme mi bebé. ¡Estaba ciega! Todo estaba en sus manos, inclusive nuestras propias vidas. Si a esa fecha aún el bebé y yo estábamos vivos, no era por la ciencia médica y por todos mis esfuerzos: Era porque Dios, en su infinita bondad, así lo había permitido. Traté de imponer mi voluntad y mientras forcejeaba con Él, nada pasó.

Nunca podré olvidar la expresión en la cara de la doctora que me dijo: "No hay nada más que podamos hacer por ti". Ya se nos había orientado tanto a mi familia como a mí. Nos habían dado sus recomendaciones y hasta nos mencionaron que muchas parejas decidían terminar estos embarazos, insinuando así que hiciéramos lo mismo. Para nosotros no era una opción. "Si este bebé se va a morir, no es porque yo lo decida", respondí. Entonces no hubo más que decir. Se hizo un referido. Sin más que añadir, me desahuciaron, y me quedé sin cuidados médicos teniendo tan solo 25 semanas y 4 días de gestación. Tenía el saco roto y tan solo 5.7 centímetros de líquido amniótico. Lo esperado para ese tiempo de gestación era entre 16 a 20 centímetros.

Con un caso tan complicado en las manos, me quedaba sin médico de cabecera y un hospital asignado. En la isla se vivía una crisis histórica porque los obstetras de la época se habían unido en una especie de huelga protestando por las alzas en las pólizas de seguro de impericia médica. No aceptarían atender más casos de pacientes "nuevas embarazadas" hasta que se escuchara su reclamo.

Mis opciones se habían agotado y lloraba pensando en que me estaba jugando la vida y Dios no acababa de hacer el milagro que yo tanto necesitaba. No me daba cuenta de que Él seguía interviniendo a mi favor. Ese mismo día del desahucio realicé una llamada y a la mañana siguiente se me hizo un espacio para una evaluación con el mejor obstetra, especialista en embarazos de alto riesgo de todo San Juan. ¡No lo podía creer! Conocía de la política médica de no recibir nuevos casos cuando el embarazo va ya tan avanzado y sabía que el médico hacía una excepción al romper los acuerdos con sus colegas al haber accedido a evaluarme. Dios ya estaba interviniendo y aún yo no lograba verlo. Mi cita era a las nueve de la mañana y era tanta la ansiedad que no lograba dormir. Sabía que significaba el último recurso humano disponible. Ya no tenía paz y reconocía que no podía seguir pulseando con Dios. Él solo quería que confiara ciegamente en Él y que entregara en sus manos lo más valioso que tenía hasta la fecha: mi bebé. Tratando de dormir, hice una oración de arrepentimiento y entrega que cambió todo el panorama. Le dije entre otras cosas: "Señor, haz lo que quieras hacer, pero por favor, hazlo ya. Mi carne ya no aguanta tanto dolor". Me refería a ese dolor emocional que puede ser peor que cualquier dolencia física. En ese preciso instante fui liberada de una carga que me había autoimpuesto. Me rendí y solté todo en sus manos. Ya solo me restaba confiar en sus promesas. La Palabra dice en: *"Encomienda al SEÑOR tus afanes, y él te sostendrá; no permitirá que el justo caiga y quede abatido para siempre"* (Salmo 55:22).

Por primera vez en mucho tiempo, sentí paz. Llegué temprano a mi cita a pesar de que había pasado casi toda la noche en vela. El doctor revisó la copia del expediente que le había llevado y comenzó a examinarme con la máquina de ultrasonido. Rápidamente me preguntó: "¿Por qué fue que te enviaron?". Le contesté que tenía el saco amniótico perforado y que estaba perdiendo el líquido por gravedad. Luego me pidió que tosiera mientras me examinaba el cuello uterino y me dijo que no había visto salir líquido amniótico. Me explicó que si el saco hubiere estado perforado, al toser hubiese expulsado líquido amniótico. Luego, me hizo otro ultrasonido y me dijo: "Pero es que tienes todo el líquido que necesitas", mientras me señalaba la imagen en el monitor. ¡El milagro ya estaba hecho!

De buenas a primeras y sin mucho más que una simple oración de entrega, el bebé no tan solo tenía todo el líquido que necesitaba, sino que el saco no mostraba señales de estar perforado. ¡Qué momento glorioso Dios nos permitió vivir! Tantas lágrimas derramadas, tanta ansiedad y deses- peración que había acumulado y lo único que el Señor re- quería era que confiara en Él. Diez semanas después, tuve en mis brazos a Laura Andrea. Una niña preciosa, sana e inteligente que ama a Dios sobre todas las cosas. Sabemos que Dios hará cosas maravillosas con su vida.

Lo aprendido

¡Cuánta ansiedad innecesaria! Solo tenía que esperar en Él. Como quiera, en su tiempo, la bendición llegaría. Solo tenía que recordar lo ya aprendido: todos nuestros anhelos deben ser puestos en oración en especial cuando involu- cramos a nuestra familia. Mi deseo de ser madre era ge- nuino y sé que el plan de Dios para nosotros era darnos hijos, pero tristemente nunca me di a la tarea de ver si era o no el tiempo de Dios para mi maternidad. Más bien quise imponer mi agenda olvidando lo que ya había vivido cuando quise impulsar mi carrera radial. La bendición que Dios tiene para cada uno de nosotros va a llegar sin ser forzada, porque al igual que abre puertas, abre vien- tres. Me hubiera evitado el enojo, la desesperación y toda la frustración vivida durante el proceso si tan solo hubiera pedido a Dios que me revelara qué plan tenía trazado para nosotros.

También he aprendido a ceder y obedecer. Me he visto varias veces y en diferentes procesos resistiéndome a hacer la voluntad del Señor por querer controlar las circunstancias que me rodeaban. Aprender a soltar me ha costado y me ha dolido. En ocasiones los procesos difíciles que he enfrentado son las consecuencias directas de las malas decisiones que he tomado. Llegar a reconocer la soberanía de nuestro Señor y sujetarme a su voluntad, me tomó tiempo y muchos dolores del alma. Al fin he logrado entender que Él es el único que sabe lo que es mejor para mí. Que Dios se reserva el derecho de contestar con un NO, o un LUEGO, a nuestras súplicas. Que todo lo que me corresponde hacer es aceptar y esperar cuál sea su voluntad para conmigo. Aunque no nos guste o no la entendamos, ésta siempre es agradable y perfecta.

Capítulo 9

NUEVAS TEMPORADAS

DIOS ES PERFECTO y ordenado. Con el tiempo, sin someterme a tratamientos médicos y habiéndole pedido a Dios de manera apropiada, nos bendijo con nuestra segunda hija: Paula Isabel. En esta ocasión, mi embarazo fluyó sin mucho drama o complicaciones a pesar de que estuve en reposo veinte semanas por un cerclaje que se me había realizado. En la página web bebesymas.com describe dicho procedimiento de la siguiente manera:

"El cerclaje uterino es una intervención quirúrgica que consiste en cerrar el cuello del útero con una especie de cinta que se fija a él y se anuda. Se utiliza en los casos en que se demuestra que el cuello del útero es incompetente, es decir, cuando dilata y se va abriendo antes de hora, bajo la presión del útero y el feto que aumentan de tamaño"[1].

Habiendo tomado todas las debidas precauciones y cumpliendo con las recomendaciones médicas, la bebé nació a término, sana y robusta. Estábamos muy contentos aunque algo incómodos en el lugar donde residíamos. Había llegado el momento de comprar una casa donde las niñas tuviesen espacio para jugar y pudiéramos ser aún más felices. Así lo hicimos. Poco tiempo después adquirimos nuestra primera casita y con ella muchos compromisos económicos.

Como padres nos preocupábamos por el bienestar de nuestras hijas y habíamos tomado la decisión de que las cuidaríamos nosotros mismos en nuestro hogar para así no enviarlas a ningún centro de cuidado de niños. Para lograr eso, hicimos algunos ajustes económicos y yo renuncié a mi trabajo a tiempo completo para comenzar una jornada a tiempo parcial. También logramos coordinar los horarios de trabajo de manera tal que mientras Juan Carlos trabajaba, yo cuidaba de las niñas, y cuando él regresaba a la casa, me relevaba para yo poder ir a trabajar. Hicimos esto durante un periodo de seis años hasta que mi hija menor comenzó a asistir a la escuela. Todo marchaba según lo planeado. Las niñas crecían sanas y felices y a pesar de que no había dinero para lujos y excesos, Dios nos proveía lo suficiente para vivir dignamente.

Después de haberle dedicado ocho años a la empresa donde laboraba, una mañana me anuncian que tenían que prescindir de mis servicios. Las ventas habían bajado y era necesario dejarme ir debido a la situación económica que atravesaba la compañía. La pérdida de un empleo es algo que nos ha pasado a muchos y en lo personal, ya lo había vivido antes. La diferencia es que en esta ocasión, ya no era una mujer soltera sino una madre de familia con compromisos económicos. El salario que mi esposo devengaba para ese tiempo no era suficiente para cubrir todos los gastos del hogar. Hacía apenas seis meses y contando con ese ingreso, habíamos adquirido una casa y con ella nuevas responsabilidades. El miedo me invadió y nuevamente sentí esa sensación de frío tan particular que nos baja por la columna vertebral cuando experimentamos noticias como esta. Ciertamente era un golpe duro el cual no vimos venir.

El miedo a perderlo todo puede desestabilizar hasta al más sano emocionalmente hablando. A los diecisiete años perdí la casa donde vivía y todas mis pertenencias tras el paso de un huracán por la isla. El no tener dónde dormir se siente muy mal. No era algo que quería vivir nuevamente y mucho menos que mi familia experimentara. El quedarme sin trabajo amenazaba directamente el pago de la casa. Por unos minutos desesperé.

Al llamar a Juan Carlos estaba muy atribulada. Lloraba asustada tratando de explicarle lo que me acababa de suceder. Para mi sorpresa, recibí de él unas palabras que espero jamás olvidar: "Tómalo con calma, Mamita. Siempre que nos pasa algo malo es porque viene algo mejor". Luego me dijo que orara. Hubiesen sido meras palabras de consuelo si las hubiera escuchado de cualquier otra persona, pero viniendo de él, era mucho más: era un testimonio de lo que Dios ya iba haciendo en su vida. Cuando conocí a mi esposo no era creyente, pero para la fecha en que recibí la carta de despido y después de él haber visto todo lo que Dios había hecho por nosotros, Juan pensaba de manera diferente. Ya más que un hombre optimista era un hombre que tenía claro que los panoramas oscuros podían ser transformados en paisajes hermosos si depositamos nuestra fe en Dios. Era un gran avance. Luego de haberlo escuchado decidí dejar de lamentarme y modelarle fe a mi esposo inconverso. Eso hice. No había tiempo que perder y enseguida se comenzó a hacer ajustes para enfrentar lo que sería una merma significativa en el ingreso familiar.

Para empezar, Dios coordinó todo para que este despido coincidiera con el momento ideal para que Juan Carlos buscara un mejor empleo. Él contaba con vasta experiencia en el campo donde se desempeñaba y era el momento oportuno para moverse. La verdad es que le gustaba lo que hacía y el lugar donde ejercía, pero nuestra nueva realidad nos impulsaba a hacer cambios. Cuando comenzó a buscar trabajo nos dimos cuenta de un contrato de "No competencia" que mi esposo había firmado con su patrono y que le impedía ejercer su oficio en otra empresa competidora. Esto representaba un gran problema porque limitaba sus opciones de búsqueda de empleo. Dios en su infinita misericordia y de manera inesperada permitió que el jefe de mi esposo, de su propia voluntad y sin habérselo solicitado, le anulara a Juan Carlos el contrato existente, efectivo en la misma fecha que yo dejaba de trabajar. El hecho de que ese contrato fuese cancelado por su jefe y no por él, le daba la oportunidad a Juan Carlos de buscar trabajo en otro lugar libremente. Así lo hizo.

Días después de que su contrato caducara, mi esposo comenzó a laborar en una nueva empresa. Con el cambio de empleo, Juan Carlos tuvo una mejor oportunidad de desarrollarse y seguir creciendo profesionalmente. Además, tenía una paga que cubría lo que él generaba en su antiguo trabajo, lo que yo generaba en el que acababa de perder y otros beneficios marginales con los cuales no contábamos. En adición, yo recibí todos los beneficios que me correspondían por seguro por desempleo mientras me encontraba en la búsqueda de uno nuevo. Fue un proceso que me tomó poco más de un año. Al estar con las niñas a tiempo completo en la casa, me di cuenta de que Paula, quien contaba con poco más de dos años, presentaba dificultad al hablar. De inmediato busqué las ayudas necesarias y la niña pudo recibir las terapias que requería para ayudarle a fortalecer sus deficiencias en el habla. Pocos meses después mi hija ya no tenía el rezago que tanto nos preocupaba.

Este tiempo desempleada me permitió también apoyar a mi hermana quien se encontraba criando sola a sus hijos. Los días que yo no estaba en entrevistas de trabajo, cuidaba de ellos para que ella pudiera trabajar. Tuve la oportunidad de apoyar a mis hermanos cuidando a mi mamá cuando fue diagnosticada con cáncer en el sistema linfático. Ante su eventual fallecimiento, pude llevar un luto sano en la tranquilidad de mi hogar. Justo en el momento en que se terminaban los beneficios del Seguro por desempleo, recibí una oferta para incorporarme nuevamente a la radio cristiana. Tenían disponible para mí un turno de diez de la mañana a tres de la tarde de lunes a viernes. Era un horario ideal porque trabajaba mientras las niñas estaban en la escuela. De esa manera podía volver a ejercer mi oficio y llamado, mientras atendía a mi familia como siempre lo había hecho. Dios una vez más había sido fiel.

Lo aprendido

Ese tiempo que estuve en la casa fue de bendición para otros y para mí. Todo obró para bien, tal como lo indica la Palabra. Es así como opera nuestro Padre: En momentos de dificultad, si logramos creerle, Él honrará nuestra fe y lo hará generosamente. Entendí también que con Dios nada es accidental, nada es improvisado y nada es por casualidad. Hay un propósito en cada cosa que nos sucede. En el momento que lo vivimos no nos damos cuenta, pero luego al mirar al pasado vemos todo con claridad. Él se encarga de velar por todos los detalles para que nuestro plan de vida sea cumplido. Pérdida tras pérdida lo he ido entendiendo. Muchas veces nos desacomoda para luego

ES ASÍ COMO OPERA NUESTRO PADRE: EN MOMENTOS DE DIFICULTAD, SI LOGRAMOS CREERLE, ÉL HONRARÁ NUESTRA FE Y LO HARÁ GENEROSAMENTE.

acomodarnos en un lugar mejor. Suele sacarnos de esa zona de confort que tanto nos gusta y que nos negamos a dejar, para llevarnos a tener nuevas experiencias y vivir nuevas temporadas en nuestra vida. Yo, al igual que los moabitas, no era muy dada a los cambios y el Señor me ha forzado a cambiar en más de una ocasión y siempre ha sido para mí bien.

> "Moab ha vivido en paz desde su juventud; ha reposado sobre sus heces. No ha pasado de vasija en vasija, ni ha ido jamás al exilio. Por eso conserva su sabor y no pierde su aroma. Pero vienen días —afirma el Señor— en que enviaré gente que transvasará a Moab; y vaciará sus vasijas y romperá sus cántaros".
>
> —Jeremías 48:11–12

Capítulo 10

EN SUS OJOS

MAMI, CUANDO YO sea grande quiero ser como tú.

—¿Cómo así, Pau? ¿Cómo soy yo?, —le pregunté curiosa y emocionada a la vez—. ¿Locutora?, —le añadí pensando que se refería a querer tener mi misma profesión.

—No, una mamá. Así como tú: gordita, —me dijo.

Me impactaron mucho sus palabras. Me di cuenta de que mi hija me amaba tal cual era, y eso era hermoso. Lo que me entristeció fue el hecho de que ella en su inocencia, lograba ver mi gordura como algo positivo que emular.

En ese momento repasé mi vida junto a ellas y las medidas tomadas para cuidarlas bien. Me pasó por la mente todo lo que me había esmerado enseñándoles a amar a Dios sobre todas las cosas. Recordé la música, programas de televisión, libros y demás que había filtrado y hasta vetado para que sus corazones no se contaminaran. Pensé en mi empeño por enseñarles valores, buenos modales. En las horas dedicadas a crearles buenos hábitos de estudios y buenos hábitos alimentarios. En la estructura y la disciplina que se les había dado, en mi obsesión por la higiene y su salud. En los sacrificios de la lactancia que extendí al punto que la misma Paula se hartó y ella sola se destetó. En todas las horas invertidas para que fuesen niñas activas y practicasen alguna disciplina deportiva. Nuestro empeño siempre fue que fuesen sanas y sobre todo felices; que vivieran sin complejos y sin que nadie las acosara por su apariencia física. Pero fallé en algo vital: olvidé modelarles un estilo de vida sano que ellas pudiera emular. Olvidaba por completo que no importa lo que yo les hubiese dicho, lo que ellas siempre iban a recordar era lo que yo les modelara. Yo no estaba cuidando de mí y me sentí fracasada.

Ese día supe que ante los ojos de Paula, no había nada malo en ser una persona obesa. Era normal y hasta bonito. Y, ¿por qué no debería de serlo? Ambos padres eran "gorditos" y por igual las amaban, las respetaban, eran dulces, amorosos y hasta divertidos. A sus cinco años sólo conocía de las supuestas ventajas de que sus padres estuvieran pasados de peso. Por ejemplo: No había nada más cómodo para Paula que acostarse a dormir o a ver una película con el brazote de Papi como almohada o sentarse a descansar un rato en su sillón favorito: en las mullidas piernas de Mami. En las noches cuando hacía frío... (Sí, a veces en Puerto Rico hace frío de noche especialmente en Navidad), se escabullía de su cuarto para meterse sigilosamente en nuestra cama. Se acomodaba entre esas dos masas calientes y ahí al menos ella, dormía comodísima y calentita. Nosotros no tanto. A su entender, no había nada de malo con nuestro problema de obesidad.

Por otra parte, tanto a Juan Carlos como a mí nos gustaba comer mucho y a él en particular le encantaba cocinar. Se pasaba metido en la cocina inventando platos nuevos y mejorando recetas que ya conocía. Las comidas en la casa eran a la carta. Él les preparaba a cada una de ellas lo que les apeteciera comer ese día. Su sazón era exquisita. Conmigo no les iba tan bien porque al ser hija de cocinera de restaurantes, la cocina para mí solo representaba esfuerzo y mucho trabajo. Se la cedí a Juan Carlos con título de propiedad desde que nos casamos y solo entraba a ella a limpiar.

Paula Isabel ignoraba las desventajas de tener padres obesos. La primera era el riesgo real de perder a alguno de ellos por problemas de salud relacionados directamente a la obesidad. Para entonces, al menos yo comenzaba a presentar síntomas de algunas de esas condiciones. Durante mis dos embarazos había sufrido de diabetes gestacional y los resultados de las pruebas de mis niveles de azúcar en sangre, revelaban números cada vez más altos. Era prediabética y no estaba haciendo nada para evitar terminar con diabetes. Por otra parte, mi presión arterial escalaba cada vez más a medida que mi peso continuaba en aumento. En mi familia materna abundan los casos de obesidad. De hecho, mi madre era una mujer obesa que sufrió de muchas de las condiciones relacionadas directamente con la obesidad: Diabetes tipo dos, enfermedades coronarias y finalmente cáncer.

> TENÍA QUE TOMAR CONTROL DE LA SITUACIÓN Y HACER CAMBIOS DRÁSTICOS EN MI ESTILO DE VIDA, NO SOLO POR MI SALUD, SINO POR SERLE DE EJEMPLO A MIS HIJAS.

Tenía que tomar control de la situación y hacer cambios drásticos en mi estilo de vida, no solo por mi salud, sino por serle de ejemplo a mis hijas y evitarles unos cuantos dolores de cabeza. No pensamos en ello, pero nuestros hijos pueden terminar como dice el refrán: "Pagando nuestros platos rotos". Muchos niños pueden ser crueles y mofarse de sus compañeritos por el aspecto físico de sus padres. De adultos también les toca enfrentar otro tipo de retos. Cuando ya tienen sus propias responsabilidades, deben lidiar con sus padres muy enfermos porque estos no se cuidaron a tiempo. Por amor a ellas y a mí misma, comencé por informarme e indagar de cuál era la raíz de mi problema para poder hacer los ajustes necesarios.

Enfrentar el asunto

Al cumplir mis dieciocho años entré a la universidad a estudiar comunicaciones y casi al mismo tiempo comencé un trabajo a tiempo parcial en un restaurante de comida rápida. El mismo fue de gran ayuda para poder costear mis gastos estudiantiles pero no me ayudó en nada a controlar mi peso. Es un hecho que ya entonces tenía bien arraigados muy malos hábitos alimentarios. Comía desaforadamente, a deshoras, y lo que se me antojara sin contemplar calorías, gramos de azúcar o grasa. Antes de empezar en ese trabajo, mi actividad física se limitaba a caminar a diario una distancia que me tomaba aproximadamente treinta minutos en recorrer. Vivía en el tope de un cerro altísimo y para poder llegar a la casa e ir a la escuela debía subir y bajar una cuesta muy empinada. Regularmente esto lo hacía dos veces al día. Por temporadas me animaba y le añadía algo de ejercicio cardiovascular frente al televisor. Transmitían un programa de clases de aeróbicos en un canal local y lo hacía en las tardes. No había dejado mi costumbre de encerrarme en mi cuarto a bailar mis canciones favoritas, así que de una forma u otra me mantenía activa. A pesar de lo mal que comía había logrado estabilizar mi peso de alguna manera. No obstante, al comenzar la universidad todo cambió. Entre los horarios de trabajo y estudios ya no contaba con el tiempo para hacer los aeróbicos frente al televisor y mucho menos tenía tiempo para meterme al cuarto a bailar. No caminaba a la escuela sino que iba en auto hasta el campus universitario y se le sumaba el acceso ilimitado que tenía a la comida chatarra en el restaurante donde trabajaba.

Durante los años siguientes, aumentaba un promedio de entre cinco a diez libras anualmente. Los cambios de tallas fueron sutiles de año en año. Realmente no hubo mucho drama mientras seguía encontrando ropa que fuese apropiada para mi figura. La crisis llegó cuando ya no me entraba la ropa en tallas regulares y tuve que entrar a comprar a la sección de las llamadas tallas "plus" o extra grande para poder vestir. Igual no hice nada para bajar de peso. Solo me resigné y con el tiempo me acostumbré a esa nueva talla. Me casé con este hombre maravilloso que al igual que yo disfrutaba del buen comer, pesando algunas doscientas cincuenta libras. Lejos de animarnos el uno al otro a bajar de peso, nos alentábamos a disfrutar de nuevos platos. Yo tenía veintiocho años cuando me casé y ya para entonces sufría de obesidad mórbida. Días antes de que Paula me confrontara sin darse cuenta, yo estaba pesando doscientas noventa y dos libras con tan solo cinco pies y dos pulgadas de estatura. Cargaba más de ciento cincuenta libras de sobrepeso y mi cuerpo ya se estaba comenzando a quejar.

Existen diferentes factores que influyeron para que pudiese llegar a alcanzar ese peso máximo de doscientas noventa y dos libras. Con algunos de ellos pude trabajar y con otros sé que seguiré luchando hasta que me muera. La predisposición genética es real, es algo que no elegí y que no puedo cambiar, pero sí puedo esforzarme por controlar. Soy propensa a ser obesa, es una realidad, pero también fui programada para serlo. Tanto mi padre como mi madre provienen de hogares pobres donde los niños se criaban flacos y desnutridos debido a la escasez de alimentos. La mentalidad de mis padres era que los niños delgados estaban enfermos y los niños rollizos eran los saludables. Lamentablemente se equivocaron. En la casa se nos obligaba a comer. Comer poco o no comer nada en lo absoluto era algo que no estaba permitido. Teníamos que comer aun aquellas cosas que no necesariamente nos gustaban. Era casi un insulto a nuestros padres y a las personas que no tenían nada que comer a lo largo y ancho del planeta, dejar restos de comida en el plato o elegir no comer lo que se nos había servido. Dicho sea de paso, las porciones eran exageradas.

¡Cuánto me manipularon con eso! Según mis padres, iba a ser castigada por Dios si no me lo comía todo. Así que en honor a todos los que no tenían nada que comer ese día y para evitar el castigo divino, terminaba comiéndomelo todo, así tuviera que forzar mi estómago. Me contaba mi madre y otros testigos de un evento lamentable donde mi hermanita menor fue imbuida a tal punto que vomitó. Mi padre recogió esos mismos alimentos y se los dio a comer otra vez. Así de grande era su obsesión y así de severo era el maltrato.

Un ejemplo de un desayuno normal para mí, eran seis huevos hervidos con pan y jugo. Un plato exagerado para una niña en edad preescolar. Supongo que ya para entonces mi estómago comenzaba a ensancharse. Eventualmente esto se convirtió en uno de mis mayores problemas cuando decido comenzar a bajar de peso. Mi capacidad de ingesta era tal que siempre me quedaba con hambre al momento de reducir las porciones. Años después, en un estudio sonográfico que me realizaron, descubrieron que tenía un estómago con una capacidad de dos litros. Una ilustración bastante clara de esto es comparar mi estómago con un botellón familiar de cualquier bebida gaseosa o refresco.

Recuerdo una ocasión cuando tenía unos siete años, se me sirvió un guiso con apio. No me gusta el apio. Nunca me ha gustado. Mi papá nunca lo aceptó y decidió darme de comer apio a diario hasta que me gustara. No lo podía ni tragar. Uno de esos días en que me lo sirvieron, decidí esconder todo el apio que se me había dado debajo de la cama. Mentí diciendo que me lo había comido tan solo para que él no me obligara a comerlo y para que no me golpeara. No olvido la cara de mi madre cuando le tocó barrer bajo la cama y se encontró con el apio ya disecado.

Por otra parte, nunca hubo deportes en mi agenda. Fui una niña exageradamente sedentaria. Solo en mi tiempo de recreo en la escuela jugaba con mis compañeritos. Nunca fui una atleta ni me desarrollé en alguna disciplina deportiva. De hecho, aprendí a nadar después de los veinticinco años, a correr bicicleta cuando cumplí cuarenta, y aún tengo en agenda aprender a patinar. Debe ser por eso que mis primeros puntos de sutura fueron por la cesárea que me realizaron cuando nació mi hija mayor.

Ya habiendo hecho todo el análisis llegué a la conclusión de que existía la posibilidad de que continuara con el aumento de peso. Reconocía que se me habían programado desde bebé a comer de más, que tenía un estómago ensanchado y que muy pronto estaría sufriendo de enfermedades crónicas si no ponía de mi parte. Tenía que tomar acción de inmediato y bajar de peso. Para poder lograrlo iba a necesitar de mucho apoyo familiar, ayuda profesional, fuerza de voluntad, y sobre todo dominio propio. De todas, la más difícil de obtener era esto último. El dominio propio no es algo que nos receta el médico y vamos a comprarlo en la farmacia. Es consecuencia directa de tener una relación de intimidad con Dios. Para lograr hacer modificaciones de conducta permanente, y tener dominio propio, era necesario buscar aún más de Dios. La Palabra nos dice: *"Pues Dios no nos ha dado un espíritu de timidez, sino de poder, de amor y de dominio propio"* (2 Timoteo 1:7).

Capítulo II

ATREVERSE A CAMBIAR

ALGO QUE APRENDÍ de mis procesos anteriores es que Dios nunca debe ser mi última opción sino la primera ante cualquier circunstancia. Antes de enfrentar mi problema de obesidad había decidido orar y pedirle dirección al Señor. Quería que interviniera en todo el proceso. Pero fui aún más lejos y le pedí que no me permitiera alcanzar las metas que me había propuesto si no era su voluntad. Rogaba diciendo que si el bajar de peso no era para mi beneficio espiritual, que no me lo permitiera. Estaba consciente de que a mi carne le sería de gran utilidad, pero ¿cómo los cambios impactarían mi carácter? Eso es algo que solo Él

> ANTES DE ENFRENTAR MI PROBLEMA DE OBESIDAD HABÍA DECIDIDO ORAR Y PEDIRLE DIRECCIÓN AL SEÑOR. QUERÍA QUE INTERVINIERA EN TODO EL PROCESO.

sabía. Me preocupan temas como: que me fuese a alejar de sus caminos y echara a perder su propósito. Me preguntaba cómo esta transformación afectaría a mi familia y en especial a mi matrimonio. Si algo de esto iba a pasar le pedía que simplemente lo obstaculizara. Me conozco lo suficiente para saber que ante un cambio tan drástico yo necesitaba acercarme aún más a Cristo.

Todos conocemos de nuestro libre albedrío. Es esta libertad que se nos concede para que seamos nosotros quienes escojamos lo que queremos y no queremos hacer. Es algo que se supone haya rendido ante el Señor por completo pero por ratos me doy cuenta de que no ha sido así. Mi voluntad es algo que solo me trae muchos dolores de cabeza. Siempre que intento hacer lo que quiero, sin considerar cuál es su plan, todo termina muy mal. Tristemente, en el proceso de hacer lo que me venga en gana, logro convencerme y hasta justificar ante mí misma que mi fin es noble y bueno. Me engaño, y tal vez engaño a otros, pero nunca logro engañar a Dios. Así que habiendo ya aprendido de varias lecciones de vida que me han resultado ser muy duras, de entrada solo oro y pido por su intervención: Que sea Él mismo el que me abra y me cierre las puertas por las cuales Él quiere que yo pase. Que me inquiete hasta mortificarme cuando me desvíe porque reconozco que tiendo querer hacer mi voluntad y no la suya.

Cuando el Espíritu Santo mora en nosotros, nos da entre otras cosas, algo llamado dominio propio. Leemos en Gálatas 5:22-23: *"En cambio, el fruto del Espíritu es amor, alegría, paz, paciencia, amabilidad, bondad, fidelidad, humildad y dominio propio. No hay ley que condene estas cosas".*

El dominio propio es una fuerza extraordinaria que nos provee la capacidad necesaria para controlar nuestras urgencias e impulsos. No tiene nada que ver conmigo misma haciendo mi mejor esfuerzo. A eso lo llamo fuerza de voluntad, y en ese caso, soy yo, en mi naturaleza tratando de dominar mi propia carne. Claro que no hay nada más agotador, porque se trata de mí luchando contra mí misma y mi concupiscencia. Cuando es el Espíritu Santo quien está en mí proveyendo la fuerza y la determinación, la experiencia es otra. Es mucho más fácil decir no, basta, es suficiente o hasta aquí. Porque no soy yo con mis propias energías y capacidades sino Él operando en mi vida, tomando el control de mi mente y de mis deseos, y aunque la tentación es real y la decisión final es siempre mía, se me hace mucho más fácil tomar la decisión correcta.

En varias ocasiones encontramos en la Biblia al Espíritu Santo siendo tipificado como aguas, ríos, corrientes de agua, etcétera. Aprendí de labios de mi pastor, Mizraim Esquilín, y basado en una profecía que se le fue revelada al profeta Ezequiel, capítulo 47:1–12, que debemos sumergirnos en el río del Espíritu Santo. El pastor explicaba que mientras más avanzamos dentro de este río, más liviana es nuestra carga. Al entrar al río hasta los tobillos vamos cargando todo el peso de nuestra carga nosotros mismos, pero cuando ya nos hemos adentrado hasta las caderas, los "lomos" como indica en el versículo 4, nuestra carga flota. Es mucho más fácil de llevar porque el río (el Espíritu Santo), la lleva por nosotros. Si nos animamos a sumergirnos y nadar en el río del Espíritu Santo, es aún mejor, porque en Él hayamos sanidad y vida (versículos ocho y nueve). Lo interesante es que no estamos obligados a entrar en este río, sin embargo, hay una invitación abierta a que lo hagamos. Es nuestra decisión llevar nosotros todo el peso de nuestra carga, cayendo una vez tras otra, o permitirle a Dios que nos ayude al sumergirnos en su río.

En mi caso fue de gran ayuda haberme metido en el río del Espíritu porque pude dejar al menos por un tiempo, malos hábitos alimentarios que arrastraba desde la infancia. El proceso inicial fue lento y los cambios fueron sutiles. Las metas eran realistas y a corto plazo. Etapas que yo misma me tracé y que tenía que ir superando y alcanzando poco a poco.

Adulto dependiente

Estimo que desde los dieciocho hasta los veintiocho años, en que me reconcilié con el Señor, sufrí de dependencia a la nicotina. Toda la vida fui una fumadora pasiva porque mi padre siempre fumó delante de mí, pero en mis años de adolescente comencé a fumar por mí misma. A esta fecha y sin temor a equivocarme, puedo asegurar que dejar de fumar es lo más duro que he hecho en mi vida. Fumé activamente por un periodo aproximado de diez años, y al momento de dejarlo ya consumía una cajetilla de cigarrillos al día. Dejar este vicio no fue nada fácil pero recién reconciliada lo logré con la ayuda de Dios. Él me fortaleció para no recaer durante los días que sufrí de los síntomas del síndrome de retirada, y me dio la fuerza de voluntad necesaria para no hacerlo de nuevo. No volver a tocar un cigarrillo ha sido suficiente para no comenzar a fumar de nuevo. Ya han pasado más de dieciocho años y no he vuelto a fumar jamás gracias a Él.

Pero, ¿qué hacer cuando aquello a lo que somos dependientes es vital para nuestra subsistencia? Mi problema de dependencia a la comida había que tratarlo diferente a mi dependencia a la nicotina. En adición, debía atender otros asuntos como: mi estómago, que ya estaba ensanchado, mis malos hábitos a la hora de comer y mi dependencia a la azúcar. Cuando tenemos adicción a la comida, es mucho más complicado porque nos toca moderar el consumo en vez de dejar de consumir. Hay que hallar el balance y tomar la decisión correcta cada vez que nos toca proveer a nuestro cuerpo lo que necesita. Tenía una relación de amor y odio con la comida. No era tan solo dejar de comer y no volver a hacerlo más, sino lograr hallar el equilibrio ideal, tomar la decisión correcta cada vez. Definitivamente, yo necesitaba establecer un plan de acción donde comenzaría por reeducarme para aprender a comer tan solo para subsistir. Había que hacerlo de manera correcta y las porciones adecuadas. No podía continuar con la mala costumbre de querer comer cuando estaba contenta, triste, enojada o despechada. Ese era el patrón que se repetía una y otra vez, y lo utilice por años. Elegir detenernos cuando sabemos que ya hemos comido lo suficiente, es difícil cuando comemos por gula. Tendemos a extasiarnos con los olores, sabores y las texturas de los alimentos y este disfrute no nos permite parar.

LA DIETA

Por veinte años estuve intentando comenzar la dieta todos los lunes. Al llegar el día, no lograba mantener mi decisión porque antes del almuerzo ya había cedido ante la tentación de comerme algún postre, dulce o chocolate que dicho sea de paso, son mi debilidad. Desistía de comerme aquella ensalada insípida que había preparado temprano y que andaba cargando con ella desde la casa. Calculo que por ese mismo periodo de tiempo decidía comenzar un programa de ejercicios cada primero de enero. Lo lograba unas semanas, pero luego lo abandonaba. Por otra parte, Navidad es mi época favorita del año. En mi país es tradición celebrar cada fiesta preparando platos típicos que todos disfrutamos. Cada diciembre, también tradicionalmente, yo aumentaba algunas quince libras.

Era apenas otoño del 2011 cuando me di cuenta de cómo empeoraba mi salud y del mal ejemplo que les daba a mis niñas. Debía de hacer lo correcto. Ya de cara a la temporada navideña había que ingeniárselas para no seguir aumentando. Mi decisión inicial nunca fue rebajar, fue solo no aumentar más esas Navidades porque necesitaba tomar control para luego en enero intentar bajar nuevamente. Un cuatro de diciembre del mismo año comencé a hacer los cambios necesarios.

La tentación siempre está en todo y todos somos tentados gracias a nuestra naturaleza humana. Es nuestra decisión ceder o no ante la tentación. Me recuerdo siempre diciendo: "No bebo, no fumo, no uso drogas: Yo solo como". Tristemente comía demasiado y comía muy mal. Una de las primeras cosas que hice fue reconocer que no era real que después de haber ingerido a diario y por casi cuarenta años comida chatarra, alimentos altos en grasa, sal y azúcar, de buenas a primeras me convertiría en vegetariana. Comprendía también que mis estados de ánimo influenciaron grandemente en mis patrones alimentación. Estoy bajo la idea de que esta no es tan solo mi historia. Para muchos de nosotros comer es algo que se puede hacer por diversión, para festejar, por aburrimiento, alegría, tristeza y no necesariamente por necesidad. Hay quien ha descrito que la nevera es para muchos el equivalente a un bar para los alcohólicos. Es el lugar donde vamos a hallar consuelo. Había en mí un círculo vicioso que repetía constantemente: bajaba de peso, me descuidaba y volvía a aumentar las libras que ya había perdido. Nuevamente terminaba deprimida y frustrada porque había fracasado y regresaba a la nevera a llorar mis penas, y entonces aumentaba aún más.

Debía ser honesta y reconocer que tampoco era real que iba a estar tres meses comiendo solo pollo, lechuga y agua. Ya lo había intentado antes y al tercer día me cansaba. Definitivamente no era para mí porque de pronto sentía lo que llamo un "bajón de grasa". Entiéndase por esto último, la urgencia de comerme algo frito. Debe ser un tipo de síndrome de retirada también. Lo mismo me pasaba con los dulces y postres y la sensación es espantosa. Antes de lo pensado fracasaba y me ponía enfrente un combo de hamburguesa gigantesca con papas fritas, helado y un refresco (gaseosa) agrandado.

También había coqueteado con la idea de simplemente eliminar comidas, dejar de comer de noche, tomar píldoras, batidos, entre otras y tampoco funcionó. Era claro que los cambios en mi dieta debían de ser sutiles para que mi paladar no lo resintiera y a consecuencia desertara el "Proyecto Dieta". Teniendo esto claro, empecé por sustituir productos regulares tales como la azúcar, helados, jugos, quesos, refrescos (gaseosas), leche, mantequilla, entre otros que acostumbraba a ingerir, por productos dietéticos. Optaba por comprar todo aquello que anunciaba ser "lite", cero calorías, bajo en grasa, sin azúcar o también bajo en azúcar. A la vez reduje discretamente las raciones de carbohidratos simples que ingería. Un ejemplo sencillo de esto podría ser que en el desayuno acostumbraba a comer dos rebanadas de pan blanco o pan de trigo. En vez de dos, optaba por solo una que fuese pan integral.

Los cambios que estaba realizando hasta ese punto, realmente no representaban una gran diferencia en mi alimentación. No era necesariamente que estaba comiendo mucho mejor o que estaba llevando una dieta como tal. Sin embargo, sí había reducido la ingesta azúcares, carbohidratos simples y grasas saturadas. Con mucha discreción fui bajando también el tamaño de las porciones que ingería y añadí pequeñas meriendas entre comidas, inicialmente para rellenar o compensarme de alguna manera por haber comido "menos" en una de las comidas fuertes que había hecho. Este ejercicio resultó ser de gran ayuda para acelerar mi metabolismo. Sin hacer gran esfuerzo ni mucho ruido, comencé a bajar de peso en plena Navidad. Nadie lo notó pero mi báscula comenzó a reflejar los resultados.

Fue así como dio inicio mi proceso de pérdida de peso. Con la ayuda del Padre comencé a disciplinarme y fui trabajando mi proceso desde adentro hacia afuera. Primero de a poquito pidiéndole dirección al Señor y cambiando mi forma de pensar y comer para que luego se viera reflejado en mi exterior. Lo que los demás luego pudieron ver, es solo el resultado directo de un proceso que comenzó en el momento en que decidí hacer de Dios nuestra fuente de inspiración y fuerza.

Esa misma disciplina recién adquirida no tan solo me ayudó a comer mejor sino también a hacer del ejercicio parte de mi vida diaria. Uno de los grandes problemas que enfrentaba y que supongo muchas otras personas que tienen problemas de obesidad también enfrentan, es la falta de interés por actividades físicas. Al menos yo, a pesar de que podía estar bastante activa todo el tiempo trabajando en la casa y atendiendo mi familia, no tenía un régimen de ejercicios establecidos. Eso combinado con las grandes cantidades de comida que ingería, creaba el desbalance ideal para aumentar constantemente y no lograr alcanzar y luego mantener un peso saludable. Para comenzar a ejercitarme, quise también contar con la ayuda del Espíritu Santo, lo necesitaba. Debemos recordar que Él está en nuestra vida no solo para consolar, sino también para animar. Nos provee de la fuerza de voluntad, energía y disposición que necesitamos para ser transformados.

Muchas veces, como cristianos, obviamos el hecho de que tenemos la responsabilidad de cuidar también de nuestro cuerpo, porque es precisamente, la morada del Espíritu Santo, 1 Corintios 6:19 nos dice: "*¿Acaso no saben que su cuerpo es templo del Espíritu Santo, quien está en ustedes y al que han recibido de parte de Dios? Ustedes no son sus propios dueños*".

El compromiso que había hecho conmigo misma de a ratos me pesaba, porque mi carne prefería dormir en vez de irse a sudar. Al no tener el hábito de ejercitarme, tuve que crearlo, y me costó, porque estando tan pesada tampoco tenía muchas opciones de ejercicios para elegir. Decidí intentar ir a caminar pero tenía muchos complejos y no podía evitar pensar en las miradas y los comentarios de los demás mientras me veían fatigada calle arriba y calle abajo. Sentía vergüenza porque me creí juzgada a pesar de que muchos me apoyaban y hasta me acompañaban.

Preferí entonces ejercitarme a solas en la casa. Compré un DVD con un programa de ejercicios aeróbicos de bajo impacto y me encerraba en un cuarto cuando todos se iban. Recuerdo empezar haciendo solo unos quince minutos de ejercicios al día. Era solo la primera parte de un programa de una hora que se dividía en cuatro segmentos. Semana a semana fui aumentando la cantidad de tiempo hasta que logré hacer el programa completo.

A finales del año 2011 estaba feliz, no solo porque no aumenté en la época navideña sino porque había logrado bajar algunas libras de sobrepeso y ya al menos yo comenzaba a notarlo. Me sentía mucho más ligera, tenía más agilidad y la ropa me quedaba un poco grande. Estaba animada por los logros alcanzados hasta la fecha y determinada a ir por más. Después de casi un mes haciendo cambios en mis hábitos alimenticios y estilo de vida, comenzaba a ver resultados, entonces decidí relajarme y celebrar comiendo la despedida de año. Fue precisamente el día primero de enero del dos mil doce que reconocí que iba a necesitar de mucha ayuda para poder continuar con la pérdida de peso. La noche anterior la había celebrado comiendo desaforadamente y a consecuencia al otro día me sentía enferma. Estaba indigestada de tanto comer. A eso lo llamamos gula y es pecado ante Dios. Mi decisión no solo me llevó a enfermarme sino a pecar. No podía ignorar la repercusión a nivel espiritual de mi mala decisión. Elegí hacer lo incorrecto sabiendo lo correcto para hacer. Tal vez era el momento de hacer algunos ajustes más.

Me di cuenta de que al igual que podía disciplinarme para ejercitarme aun cuando no quería y comer lo que no me apetecía solo porque me haría bien, podía también disciplinarme espiritualmente. A pesar de que oraba, leía la Palabra y me congregaba, no tenía el hábito de levantarme temprano y dedicar un periodo de tiempo de devoción al Señor. El salmista expresa: *"Oh Jehová, de mañana oirás mi voz; de mañana me presentaré delante de ti, y esperaré"* (Salmo 5:3, RVR60).

Es necesario que cada creyente, de manera intencional, tome tiempo para acercarse al Padre todos los días. Al menos yo, había preparado un listado de excusas "válidas" ante mis ojos para justificar el no buscar el rostro del Señor en la mañana, como lo hacía el salmista. Me había costado disciplinarme en ese aspecto y oraba solo de manera casual sin separar un tiempo específico para hacerlo. Es necesario recordar que para poder tener una relación íntima con Dios tenemos que conocerlo. Eso solo se logra a través de la lectura de la Palabra y la oración. No se puede intimar con alguien a quien no conocemos. Acababa de identificar otra área de mi vida que debía fortalecer para poder alcanzar las metas trazadas.

Era momento de retomar la dieta consciente de mi necesidad espiritual y reconociendo la tendencia de recurrir a la comida dependiendo de mis estados de ánimo. Otro gran problema que tenía que reconocer y enfrentar, era mi capacidad de ingesta. Desde pequeña mi cerebro había sido programado para comer mucho, pero mi estómago también se había ensanchado y las porciones que ingería para poder abastecer el cupo del mismo eran impresionantes.

La herramienta

Habiendo intentado y fracasado por años en todo tipo de programas de reducción de peso, estaba dispuesta a recibir la ayuda tanto profesional como espiritual que necesitara, y estando consiente de los riesgos a los que me exponía, reconsideré un procedimiento quirúrgico llamado cirugía bariátrica Yeyuno o *gastric bypass*. Hacía ya algunos años, una muy buena amiga se la había hecho y quedé muy impresionada por sus cambios. Me gustaba no tan solo como se veía, sino también la manera en que se proyectaba ante los demás. Lucía diferente, muy segura de sí misma. Y como si fuera poco, había resuelto sus problemas de salud. Ya no sufría de hipertensión y de otras enfermedades que la acongojaban. Al verla me animé a someterme a este proceso también, pero me afloraron todos los miedos. Estaba demasiado comprometida con mi maternidad como para arriesgarme a morir en una cirugía electiva. Quería poder criar a mis hijas.

Ya para la fecha en que soy confrontada con el mal ejemplo que le estaba dando a las niñas y con el hecho de que estaba comenzando a presentar los primeros síntomas de enfermedades asociadas directamente con la obesidad, volví a reconsiderar esta cirugía. Me di cuenta de que era tan riesgoso someterme al procedimiento como seguir viviendo pesando casi trescientas libras. En cualquier momento mis órganos vitales podrían comenzar a fallar tan solo por el exceso de peso que cargaba. Además, mi estómago estaba demasiado ensanchado. Reducir su tamaño era una muy buena idea pero antes de siquiera intentar operarme, debía trabajar primero con mi mente. Uno de los principales conflictos que estaba enfrentando era precisamente que no comía por hambre, por satisfacer una necesidad física o nutrirme, sino por mero placer. A veces simplemente me dejaba llevar por mis estados anímicos, por el lugar o ambiente, tal vez hasta con las personas con quienes me encontrase en el momento. Eso representaba un problema serio que había que atender con premura antes de entrar a una sala de operaciones a achicar el estómago. Otro hecho alarmante era que aun estando ya satisfecha era capaz de seguir ingiriendo aún más cantidad de alimentos. Llegaba al punto de forzar mi estómago tan solo por darle el gusto a mi paladar. Llegué a la conclusión de que definitivamente una reducción de estómago podía ayudarme a regular las raciones de alimento que ingería, pero si yo no controlaba mi mente y trabajaba con mis malos hábitos, podía echar a perder todo el esfuerzo. Alguien me dijo alguna vez: "Te operan el estómago, no el cerebro", y es cierto. Recurrí a un primer psiquiatra que me evaluaría antes de la cirugía y que no era parte del grupo de galenos que colaborarían con la cirujana. El mismo identificó un patrón repetitivo de ansiedad y depresión que venía arrastrando desde hacía ya demasiados años. Inmediatamente comenzamos el tratamiento con terapias y medicamentos que utilicé por un tiempo y que luego al verme estable me fueron suspendidos. Como cristiana, creo firmemente que fuimos, salvos, redimidos y sanos por la sangre de Jesucristo en la cruz del Calvario. Por igual creo que el Señor nos ha provisto de muchos recursos para facilitar nuestros procesos de sanidad. Ha capacitado a personas, no solo para que creen nuevos medicamentos para tratar y sanar nuestras dolencias, sino también profesionales de la salud para que nos orienten en cómo y cuándo utilizarlos. Yo oraba por mi salud y estabilidad emocional, pero al mismo tiempo recibía toda la ayuda que el mismo Señor ponía a mi alcance para que fuese sana emocionalmente antes de enfrentar el proceso de la cirugía bariátrica.

Fui a la evaluación inicial con la cirujana bariátrica a principios del 2012. En esta cita se me explicó todo el procedimiento, los riesgos y las posibles complicaciones de la cirugía. A grandes rasgos yo parecía ser una buena candidata para la misma, ya que a pesar del sobrepeso, al momento no había desarrollado enfermedades crónicas ni ninguna otra condición de salud que impidiera que me practicaran la cirugía. Ese día se me asignó una fecha tentativa para la operación. Me enviaron a hacer unos exámenes de laboratorio y unos estudios de ultrasonido para presentarlos al médico en la próxima cita. Se me pidió que bajara diecisiete libras como requisito para que se me hiciera la misma, y se me refirió a un grupo de especialistas que tenían también que evaluarme y darme el visto bueno antes de que la cirujana pudiera operarme. Los mismos eran un internista, una psicóloga, una psiquiatra, el cardiólogo, la nutricionista y un neumólogo. Este último me ordenó una prueba de apnea del sueño, la cual reveló que mientras dormía dejaba de respirar por varios intervalos de tiempo a lo largo de la noche. Eran lapsos cortos, pero a consecuencia, mi cerebro se quedaba sin oxigenar en repetidas ocasiones. Esto era muy peligroso porque provocaba que no descansara bien y que me diera mucho sueño durante el día. Era propensa a quedarme dormida en cualquier momento: trabajando, viendo televisión y hasta manejando mi auto. Ponía en riesgo no tan solo mi vida, sino la vida de los demás. Como resultado, me indicaron que debía dormir cada noche con una mascarilla puesta y una máquina calibrada con una cantidad específica de presión de aire. Esto me ayudaría a no quedarme sin respirar durante la noche y por consiguiente pudiese descansar apropiadamente. A pesar de la incomodidad que se siente los primeros días por tener la mascarilla puesta, los resultados se hicieron sentir inmediatamente. Me levantaba al día siguiente mucho más descansada, alerta y animada.

El proceso previo a la cirugía bariátrica no es nada fácil. De hecho, es duro antes, es duro durante y mucho más duro después de la misma. Las visitas realizadas a los diferentes doctores fueron absolutamente necesarias. En mi caso en particular, al tener que ser evaluada por una batería de diferentes médicos especialistas, fui muy bien orientada. Cada vez que me sentaba con uno de ellos, muy responsablemente, de lo primero que me hablaban era de los riesgos de complicaciones durante y después de la operación, y hasta mencionaban constantemente la posibilidad de muerte. Esto último no me gustaba para nada. Me golpeaba cada vez que me lo mencionaban porque me estaba sometiendo a este proceso con expectativas de vida y salud pero los riesgos eran reales y era la obligación de cada uno de ellos orientarme. Es un hecho de que aun cuando como pacientes nos esforzamos en cumplir con todas y cada una de las indicaciones del médico al pie de la letra y por más experiencia y peritaje que tenga el cirujano, algo puede salir mal. No es solo el riesgo de la anestesia, infecciones postquirúrgicas, entre otros, es que hay cosas que se salen de nuestro control. Por eso debemos enfrentar estos procesos contando primero con la aprobación, ayuda y protección del Espíritu Santo. Después de todo, tanto médicos como pacientes, somos solo humanos.

Otro de los requisitos con que los candidatos a la cirugía debíamos de cumplir previo a la intervención, era ir a cierta cantidad de reuniones del grupo de apoyo a pacientes bariátricos. Fue una experiencia útil, necesaria y a la vez muy interesante. En estas reuniones se nos ofrecían charlas por especialistas y se nos orientaba sobre las diferentes etapas del proceso. También se nos daba la oportunidad de compartir con pacientes ya operados, y otros candidatos en condiciones similares a la nuestra, que día a día enfrentan los retos que trae la obesidad mórbida. A pesar de tener el mismo tema en común, los escenarios eran variados. Pude a observar a algunos que al igual que yo, se mostraban optimistas, determinados y comprometidos con ellos mismos, y con el proceso. En otros casos: observaba personas deprimidas que veían en esta cirugía, una vara mágica que lograría transformar sus vidas de un momento a otro, sin mucho más esfuerzo que la operación como tal. Escuché de muchas historias de conmiseración, justificación y hasta auto sabotaje. Pensé en los vacíos emocionales y espirituales que quizás, al igual que yo, intentaron llenar con comida. Vacíos que yo solo pude llenar con el Espíritu Santo.

Preparando a la familia

Fui a las primeras consultas sola, pero a medida que se iba acercando la fecha me exigieron que asistiera acompañada por mi familiar más cercano o la persona que estaría apoyándome durante el proceso pre y postquirúrgico. En mi caso en particular era mi esposo Juan Carlos. Era requisito que él también consintiese el que yo me sometería a la cirugía y que fuese orientado de los posibles riesgos y complicaciones de la misma. De hecho, él también tuvo que leer y firmar hojas de consentimiento para que yo pudiese ser operada. De Juan no haber estado de acuerdo con algunos de los procedimientos y condiciones que se estipulaban en las mismas, simplemente no me operaban. Para un paciente bariátrico, el apoyo incondicional de la familia es de vital importancia. No es un proceso que se deba enfrentar solo o sola.

A pesar de estar debidamente orientada al riesgo que me exponía me animé a continuar con el proceso. Confiaba en el hecho de que me había movido en fe y en que había estado orando. Le pedía al Señor no solo que interviniera en la cirugía, sino que cerrara todas las puertas si no era su voluntad que yo llegara a la sala de operaciones. Entiendo que Él es el único que conoce el futuro y estaba lista para que me dijeran que no me iban a operar. Iba a tomar esa respuesta negativa como que simplemente eso era lo mejor tanto para mi familia como para mí. Mientras esperaba mi turno en esas visitas que les hacía a los diferentes especialistas, vi salir llorando mucha gente de la oficina del médico. Eran lágrimas de frustración. No era difícil imaginarse lo que les sucedía, de seguro por alguna razón les habían cancelado la operación o les habían pospuesto la fecha. Esto suele suceder por varias razones: la más común es que no lograban bajar al peso que se le había indicado antes de la cirugía. El mismo variaba de paciente en paciente, en mi caso solo fueron diecisiete libras, pero supe de gente que le pidieron que bajara muchísimo más. Realmente nunca supe cuál era el propósito de pedirle a alguien que evidentemente tenía problemas para bajar de peso que bajara antes de ser operado, pero supongo que debe ser una manera de medir el compromiso, la determinación y la disciplina de este candidato a la cirugía. Al principio no lo entendí, pero luego llegué a la conclusión de que todos estos factores son indispensables para que el proceso fuera exitoso. Una persona que no está lo suficientemente comprometida a cambiar, que no tiene la determinación y que no es capaz de disciplinarse para alcanzar una meta relativamente pequeña y a corto plazo, no debe ser sometido a este proceso. La misma demanda de un compromiso, una determinación y una disciplina de una manera extraordinaria. Es algo para toda la vida.

Mi esposo ya estaba debidamente orientado de lo riesgoso de la cirugía y del impacto que esta podría tener sobre nuestra vida. A pesar de que el miedo también lo invadía, me apoyó en todo momento. Reconocía que yo necesitaba esta herramienta para poder tomar control de mi obesidad y que si no lo hacía, mi salud se vería seriamente comprometida en el futuro. Juan Carlos me amaba, me respetaba y confiaba en mis criterios. Sobre todas las cosas, ya había visto muy de cerca la manera en que Dios operaba en nuestra vida. Confiaba en que todo estaría bien. Yo por mi parte hice todo lo que me correspondía y quizás un poco más. Al tener tan presente la posibilidad de muerte durante y después de la operación, opté por facilitarle las cosas a todos en especial a mi Juan. Sabía que ante la eventualidad de mi muerte todo podía convertirse en un caos para la familia. Las pérdidas aturden y si no dejamos nuestros asuntos en orden, nuestros familiares tendrán que enfrentar no solo el dolor tras la ausencia de un ser querido, sino un sinnúmero de otros asuntos para los cuales no van a tener cabeza. Queriendo ayudarlo, y quizás también tratando de controlar un poco, a cuatro días de la operación le envié un correo electrónico con algunas instrucciones.

En el mismo le recordaba de las pólizas de los seguros de vida. Le refrescaba todos los detalles y hasta el nombre y los números de teléfonos de nuestro corredor de seguros. Le hacía algunas sugerencias de cómo invertir el dinero y a qué asuntos debía de darle prioridad. Le exigía que llevara las nenas a Disney World por un mínimo de once días para que botaran el golpe. Le mencioné que tenía que dejarse ayudar, por ratos podía ser muy terco. Que mi amiga Alana se encargaría de todo lo relacionado al vestuario que las niñas usarían para el funeral (Mi Juan ya había probado no tener muchas destrezas seleccionando y combinando ropa y calzado para las niñas). Le puse en sobre aviso de que conocía a mis hermanas, que sabía que las tres iban a llegar a la isla y que se iban a apoderar de la casa. Que venían a ayudar, no a visitar y que debía permitírselo. Que no se preocupara por nada que tuviera que ver con el hogar. Que recibiera toda la ayuda que se le ofreciera y que por favor cediera la cocina, que sería algo temporero.

Por otra parte le indiqué que había dejado todo lo relacionado al funeral debidamente ordenado. Le avisé a mi amado que inclusive ya había hablado con mi peluquera y que en caso de la eventualidad de mi muerte, ella se encargaría de mi arreglo personal. De hecho, con ella fui específica en lo que quería: que me pusiera pestañas postizas, que me peinara como si fuera para un baile y que me pintara los labios y las uñas de rojo. Quería que me recordaran bien puesta con el vestido azul que ya había seleccionado previamente. En cuanto al velatorio y sepelio, me tomé el tiempo de visitar la funeraria y el lugar donde me enterrarían. Vimos el área juntos y le dije a Juan hasta dónde estaba el sobre con los documentos que iba a necesitar cuando tuviera que presentarse en aquel lugar. Concluí aquel correo diciéndole: "Esto lo hago para cumplir con el protocolo porque sería una arrogancia de mi parte pensar que soy eterna. También lo hago porque te amo y porque amo mis nenas, y lo más que quiero en la vida es poder seguir cuidando de ustedes aunque ya no esté".

Más que una manera controlar, era otra manera de cuidar y expresarles mi amor. El ser una mujer de fe me ayudó a lanzarme a esta aventura confiando en Dios, pero como madre y esposa reconozco que sentí miedo. Yo estaba consciente de que mi vida estaba en peligro y que podía dejarlos solos.

La parte más difícil fue hablarles a las nenas. Comencé por reconocerles que Mamá tenía un problema gigante con la obesidad. Les dije que al igual como lo hizo el rey

David, yo también enfrentaría mi gigante confiando en Dios. Les mencioné de las posibilidades de terminar muy enferma si no tomaba control a tiempo. Les hablé utilizando un lenguaje sencillo del proceso y de los retos que deberían enfrentar. Les dije que sería valiente, que iba a luchar para poder estar bien y poder cuidarlas. Ellas entendieron, estuvieron de acuerdo y hasta oraron por mí. Después de dejar mis asuntos en orden y haber preparado a mi familia, finalmente llegó el día. Mi cuñada había viajado desde el estado de la Florida para quedarse en la casa cuidando de las niñas. Juan Carlos llegó al hospital conmigo el día de la operación, y no se fue de ese lugar hasta el tercer día cuando me dieron de alta. Estuvo conmigo pendiente de absolutamente todos los detalles. Hablaba personalmente con los médicos, preguntó todo lo relacionado con el proceso y las dosis de los medicamentos, por qué se me indicaban y cuáles serían sus efectos. Le gustaba demostrar su amor con cuidados y atenciones. En esta ocasión en particular lo manifestó en todo momento. Nunca lo había visto siendo tan protector.

Capítulo 12

EL PROCEDIMIENTO

XISTEN DIFERENTES MANERAS de hacer el *bypass* gástrico, también conocida como la cirugía de derivación gástrica. De las que consideré estaba la forma tradicional de operar que consiste en una incisión abierta en el abdomen, y la otra es por medio de cámaras y otros instrumentos laparoscópicos. Yo opté por la segunda, porque se me había orientado sobre las ventajas y desventajas de ambas y entendí que en mi caso la laparoscópica era la mejor opción. La misma es menos invasiva ya que solo se hace a través de pequeñas incisiones en la pared abdominal. Además la recuperación es mucho más rápida y no terminaría con una gran cicatriz en el abdomen sino unas muy pequeñas. Para que la misma pudiera realizarse, tenía que bajar mucho de peso. Los instrumentos que se utilizan en la operación laparoscópica tienen un largo determinado. Si mi abdomen era muy grande, la cirujana no iba a poder utilizarlos por razón de alcance y entonces tendría que abrir el abdomen para poder operar. Inicialmente se me había pedido que bajase diecisiete libras, pero teniendo en consideración que quería que mi cirugía fuese por laparoscopía, me motivé y perdí muchas libras más. Para la fecha tentativa que se me había asignado, ya eran más de cincuenta libras. Muchos me preguntan por qué, si había llegado a bajar tanto sin haber sido sometida a la operación, continuaba con el proceso, pero igual me la hice. Era evidente que podía seguir bajando sin necesidad de ser intervenida quirúrgicamente. La pregunta es válida y la respuesta es simple: en muchas ocasiones ya había bajado cantidades de peso similares y volvía a recuperarlas desde que dejaba la dieta. Mi estómago tenía una capacidad aproximada de dos litros de comida. Eso es casi el doble del tamaño del estómago que un adulto normal debería tener. Reducirlo era una necesidad, no un capricho.

Al fin llegó la fecha de la operación. Era martes 19 de marzo de 2012. Se me citó temprano en la mañana y debía estar en ayunas. En el último mes previo a la operación había llevado una dieta muy estricta pero en los últimos cinco días lo único que había estado ingiriendo eran unas batidas nutricionales que la cirujana me había indicado. Tenía que preparar y limpiar mi estómago para evitar el riesgo de complicaciones. Yo seguí las instrucciones del médico al pie de la letra. Ese día, a pesar del hambre y del susto, logré tener paz. Todavía en el momento en que me estaban canalizando las venas para ponerme un suero, oraba en silencio. No solo pedía que Dios interviniera en la operación sino que le suplicaba que la cirugía se cancelara si no iba a estar bien. Cuando la enfermera me fue a buscar para entrar a sala de operaciones, yo sólo miré a Juan con cariño, le dije que se quedara en paz y me fui a la sala.

La cirugía fluyó sin complicaciones. Según me contaron duró casi cuatro horas. Se pudo lograr hacer por laparoscopia y durante el proceso, básicamente lo que se me hizo fue cortar la parte superior del estómago y grapar hasta formar un estómago mucho más pequeño con un cupo aproximado para tres onzas de comida. Estos cambios en la estructura digestiva son irreversibles, y el propósito de éstos era que me pudiera sentir llena con muy poca cantidad de alimentos. Usualmente estos se digieren con bastante rapidez y nuevamente se vuelve a sentir hambre en un periodo aproximado de dos a tres horas. Ya no estaría utilizando el resto del estómago ni la parte superior del intestino delgado llamado *duodeno*. Sin embargo, la dejaron conectada al sistema digestivo porque estos generan ciertas enzimas que son necesarias para la digestión. Desde el momento de la operación en adelante los alimentos que ingiriera pasarían directo desde el nuevo estómago de tres onzas a la parte más baja (digamos en el medio) del intestino delgado llamada *yeyuno*. Esto me causaría un problema de absorción calóricas y de nutrientes o malabsorción como también se le conoce. Es por esta razón que todos los pacientes que nos hemos realizado esta cirugía en particular debemos tomar suplementos vitamínicos de por vida.

Después de la cirugía

Gracias a Dios la cirugía fue un éxito. No tuve ningún tipo de complicación pero como era de esperarse, aún días después de la operación me sentía adolorida. Muchos de mis órganos vitales fueron reubicados, otros simplemente cortados y modificados. Para el dolor se me proveyó de medicamentos narcóticos, algunos de ellos por vía intravenosa y otros intramusculares. También contaba con un nuevo accesorio llamado "drenaje o sonda" que desde afuera solo lucía como un pequeño tubo de silicona insertado en mi abdomen y que terminaba en una cápsula plástica que ejerce un vacío para absorber y extraer líquidos corporales para poder medirlos luego de la operación. Mientras estaba en el hospital los enfermeros se encargaban de vaciarlo y medir el líquido varias veces al día. Una vez que se me dio de alta debí de encargarme yo misma de realizar esta tarea, o Juan Carlos, quien era la persona que me estaba apoyando. Teníamos que medir y vaciar el contenido en cada ocasión para llevarle un reporte a la cirujana en la primera cita postquirúrgica. Fue entonces cuando finalmente lo removieron. Al hacerlo, la enfermera solo me pidió que respirara profundo y de un buen tirón aquella mujer me extrajo casi veinte pulgadas entre tubo y gaza de dentro de mi cuerpo. No puedo afirmar que sentí dolor sino una profunda incomodidad que terminó con un mareo.

En cuanto a la dieta inicial, no había tal cosa porque las primeras veinticuatro horas estaba en ayuna. Al segundo día, el hospital me ofrecía cada dos horas una bandejita con tres tristes onzas de una combinación de caldos claros no muy condimentados, jugos claros o suplemento nutricional. Todo era a temperatura ambiente y era lo único que se me permitía ingerir. Sería la misma dieta líquida por las próximas dos semanas. Al ver que estaba todo bien y que toleraba los líquidos sin problemas, me enviaron a casa al tercer día. Recuerdo que durante esta primera etapa debía tomar esas tres onzas de líquido de a pequeños sorbos. Debido a la inflamación existente en el estómago, usualmente me sentía llena antes de tomar la tercera onza. En más de una ocasión cuando se me ofrecían nuevamente las tres onzas de alimentos líquidos, aún me restaba por tomar al menos una onza de la última vez.

Habiendo pasado ya las primeras tres semanas, luego de la cirugía, comencé una dieta licuada donde se me permitió el consumo de mis tres onzas de alimentos en forma de puré, proteínas líquidas y suplementos nutricionales por un periodo de dos semanas adicionales. Ya para entonces me sentía físicamente mejor aunque mentalmente me mortificaba la restricción de alimentos. Mientras todos en la casa disfrutaban de sus comidas regulares, yo solo podía ingerir los purés. Esto puede ser frustrante para cualquier paciente bariátrico. En esas visitas de rutina a la cirujana, escuché en más de una ocasión de casos de pacientes que se desesperaban y se apresuraban a ingerir alimentos sólidos antes de que les fuera asignado. Muchos terminaban gravemente enfermos y algunos hasta perdían la vida. Ese no podía ser mi caso. Ya estaba restringida al menos físicamente, para no comer demás ahora tenía que aplicar el dominio propio para poder contener mis impulsos y lograr completar mi proceso sin exponerme a perder la vida.

Ya a la sexta semana de haber sido operada comenzamos la etapa tres de la dieta: Majados. En esta pude ir incorporando algunos alimentos como papa, huevos, tilapia, avena y plátanos maduros, entre otros. Estaba de fiesta porque al fin sentía que masticaba algo, aunque hasta la forma de masticar había cambiado. Al masticar, debía triturar los alimentos que ya habían sido debidamente majados antes de ser servidos. Esta nueva etapa duró aproximadamente seis semanas más. Ya para entonces se me había autorizado a retomar un régimen de ejercicios livianos. Perdía un promedio entre cinco a seis libras por semana. El cambio era evidente y yo me sentía renovada. Es usual comenzar a perder peso con rapidez justo después de la cirugía debido a las nuevas dietas que se incorporan y los cambios en toda la estructura digestiva. En un plazo aproximado de un año, a año y medio, luego de la intervención quirúrgica, el peso se estabiliza y eventualmente se recuperan algunas libras. Al tercer mes comencé la tan esperada etapa cuatro, donde al fin se me permitía ingerir comida regular. Es aquí donde comienza el verdadero reto. Este es el momento de reprogramarme mentalmente para poder evaluar todo lo que vamos a ingerir no solo cuando estamos recién operados, sino para el resto de nuestra vida.

Haciendo ajustes

Temprano en el proceso entendí que la operación era solo una buena herramienta y que ahora tenía que saber utilizarla ajustando mi manera de pensar y más importante aún mi manera de comer. Reconocí que para que mi pérdida de peso fuese permanente la cirugía era solo el comienzo. Luego le seguía adelgazar hasta alcanzar el peso meta lo cual no debería de ser muy difícil al paso que iba. Lo que realmente me preocupaba era no volver a engordar una vez estuviese en

> TEMPRANO EN EL PROCESO ENTENDÍ QUE LA OPERACIÓN ERA SOLO UNA BUENA HERRAMIENTA Y QUE AHORA TENÍA QUE SABER UTILIZARLA AJUSTANDO MI MANERA DE PENSAR Y COMER.

mi peso ideal. Era un hecho de que en otras ocasiones que había logrado perder algunas libras con dietas, píldoras y otros productos para adelgazar, volvía a recuperarlas desde que dejaba el tratamiento. Fue entonces que comprendí que en esta ocasión debía de hacer las cosas de modo diferente. Ahora que la nutricionista me había asignado la tercera etapa de dieta regular había que ejercer el autocontrol y el dominio propio. Las medidas a tomar eran permanentes: ajustar mi apetito al nuevo tamaño de mi estómago parando de comer cuando el mismo me dejara saber que estaba lleno. Tenía que medir y pesar las cantidades de alimentos que iba a ingerir de antemano para no verme tentada a comer de más y sobre todo: ejercitarme diariamente. Era el ejercicio combinado con una dieta balanceada lo único que me iba a garantizar no volver a engordar.

Todos conocemos de algún paciente bariátrico que luego de haber arriesgado su vida exponiéndose a un proceso quirúrgico tan peligroso simplemente lo echan a perder volviendo a engordar. Según me explicaron los médicos que me orientaron previo a la cirugía, es usual recuperar algunas libras una vez alcanzado el peso meta. Sin embargo, es posible también ensanchar el nuevo estómago al punto de que la cantidad de peso que se recupere sea excesiva. El estómago es un músculo y si no nos reeducamos y paramos de comer cuando nos sentimos llenos, terminamos forzando y estirándolo otra vez. Esto es algo que a mí no me podía pasar. Constituiría una pérdida significativa de esfuerzos, recursos, tiempo y hasta dinero. Son muchísimos los sacrificios que tenemos que hacer como pacientes para poder llegar a la sala de operaciones. Esto sin mencionar los esfuerzos que hicieron mis familiares, amigos y hasta compañeros de trabajos que me habían apoyado desde el primer día.

Cuando nos hemos realizado dicho procedimiento e ingerimos más comida de la que deberíamos o comemos alimentos altos en grasas o azúcar, comenzamos a presentar síntomas del famoso *Síndrome de Dumping* o *Vaciado rápido*, como también se lo conoce. En el caso de los pacientes con desvío gástrico como yo, suelen ser nauseas, mareos, dolor, sudoración entre otros. Conversando con otros pacientes ya operados que conocí tanto en el grupo de apoyo como en las salas de espera, supe de algunos que nunca lograron bajar todo el peso que se habían propuesto inicialmente. Esto suele suceder por varias razones, entre ellas porque no se lleva la dieta asignada por la nutricionista o porque eligen no ejercitarse. Es entonces cuando el proceso de pérdida de peso se detiene mucho antes de lo previsto.

Muchos otros pacientes, luego de someternos a la cirugía bariátrica *bypass,* también desarrollamos algunas condiciones de salud e intolerancia a ciertos tipos de alimentos. Se nos recomienda a todos los pacientes bariátricos que mastiquemos bien los mismos antes de tragarlos. A pesar de esto, conozco de varios casos similares donde otros pacientes bariátricos me han contado que, en ocasiones, se les dificulta el proceso de digestión cuando comen carnes. Algunos alegan sentirse ahogados a pesar de haber masticado bien el trozo antes de ingerirlo. En mi caso en particular y hasta la fecha sufro de gastritis desde que me realizaron la cirugía. En una ocasión estuve internada en el hospital por cuatro días con un diagnóstico de gastritis intratable. Debo de tomar antiácidos y otros medicamentos de manera preventiva. Sufro también de anemia y en adición, requiero de vitaminas y proteínas líquidas diariamente para suplementar mi cuerpo. Durante la intervención se remueve más del setenta por ciento del estómago y la primera parte del intestino. Ambas áreas son esenciales para poder absorber los nutrientes, proteínas y vitaminas de los alimentos que ingiero. Al ya no contar con los mismos, necesito compensar mi cuerpo con suplementos vitamínicos. Hay que recordar que debido a que una de las consecuencias directas de la cirugía es el problema de malabsorción vitamínica, hay que evitar también las grasas, algunos condimentos y salsas entre otros. Teniendo claro todos estos detalles, tomo diariamente la decisión de comer lo mejor posible y obligarme a hacer ejercicios con regularidad, ya no tan solo para lograr bajar al peso meta, sino también para lograr mantenerlo.

La doble jornada

Es real que al finalizar el día me sentía muy cansada por cumplir con toda la faena y responsabilidades que conllevan los diferentes roles como madre, esposa y comunicadora. También es real que ese cansancio era una de mis excusas favoritas para no ejercitarme. No fue hasta que tomé la decisión de bajar de peso que comencé a hacer pequeñas caminatas con unas amigas. Antes de eso, yo no hacía nada de ejercicios en lo absoluto. Para empezar no era una actividad que disfrutara. Sentía que ir al gimnasio no era para aquellos que queríamos bajar sino para fisiculturistas y aficionados al levantamiento de pesas. Además, estaba tan pesada que cualquier caminata, por corta que fuese, era un gran esfuerzo. Al momento en que el médico me dio el visto bueno para hacer ejercicios livianos luego de la operación, ya había perdido muchísimas libras. También había logrado superar la incomodidad que me producía sentirme observada mientras me ejercitaba. Así que me animé o más bien me obligué a continuar haciendo ejercicios cardiovasculares en un gimnasio que recién se estrenaba cerca de la casa y que tenía algunos equipos para hacer cardio. Trataba de establecerme nuevos retos semanales. Por ejemplo: si esta semana solo logré hacer un máximo de veinte minutos caminando en la trotadora, para la semana siguientes debía cumplir veinticinco minutos en la misma máquina. Esto lo haría por cinco días, que es la cantidad de veces que me había propuesto ejercitarme semanalmente.

Una querida vecina y hermana en Cristo, era quien me animaba a que la acompañara a visitar el gimnasio. Con frecuencia me comprometía a ir y a la hora de la verdad encontraba alguna excusa para no salir de la casa. Me daba mucha pereza vestirme con ropa que sentía que no me quedaba bien y entrar en aquel lugar lleno de gente que parecían saber lo que estaban haciendo. Sentía que miraban como si la máquina que yo ocupaba les perteneciera y como si yo les interrumpiera o les retrasara su rutina de ejercicios. Tan solo la idea de ir a aquel lugar me causaba incomodidad pero no tanta como en aquel momento en que traté de subirme a uno de los equipos y no pude porque no cabía. Moría de vergüenza al imaginarme lo que todos estarían pensando al verme. En más de una ocasión creí que mi esfuerzo era una pérdida de tiempo tanto para mis compañeros del gimnasio como para mí, aun así elegí ignorar las actitudes de los demás y enfocarme en hacer lo que iba a hacer allí: ejercitarme.

Para no ponerme más excusas y trabas, tuve que empezar a visualizar el ir al gimnasio como un equivalente al ir a trabajar. Le di el mismo valor e hice conmigo ese tipo de compromiso que hago cuando he firmado un contrato. Era una obligación más y no una mera opción que tenía. Es algo contradictorio comparar el ejercicio con mi labor en la radio, porque no me gusta ejercitarme y sin embargo, disfruto mucho de mi trabajo. Para mí no es solo el medio de ganarme la vida, es también el medio que Dios utiliza para permitirme predicar. A pesar de ello y siendo bien honesta, no siempre estoy de ánimo para ir a trabajar. A veces me gustaría quedarme en la casa descansando o cumpliendo con los deberes del hogar que tienden a acumularse y reproducirse por falta de tiempo para atenderlos. En ocasiones preferiría tal vez invertir ese tiempo en uno de calidad con la familia o quedarme descansando si es que no me sintiese bien. Aun así, tengo un compromiso con mi patrón que debo de cumplir independientemente de mis preferencias o del estado de ánimo en el que me encuentre. Cuando decidí dejar la pereza a un lado, también me movía en obediencia a Dios. La Palabra nos dice: *"¿Acaso no saben que su cuerpo es templo del Espíritu Santo, quien está en ustedes y al que han recibido de parte de Dios? Ustedes no son sus propios dueños; fueron comprados por un precio. Por tanto, honren con su cuerpo a Dios"* (1 Corintios 6:19–20).

Por un periodo demasiado largo trataba de justificar mi vagancia para ejercitarme con mi excusa favorita: "No tengo tiempo para hacer ejercicios". Realmente en mi rutina diaria no existía tal cosa como "Tiempo para ejercitarme". Tuve que disciplinarme y crearlo restándole unas cuantas horas a la cama. Comencé a ir al gimnasio en diferentes horarios ya fuese en la noche cuando las niñas se iban a dormir y Juan Carlos me podía relevar con el cuidado de las mismas, o temprano en la madrugada mientras todos ellos aún dormían. Empujé el ejercicio en mi agenda, le asigné horarios y cumplí con ello religiosamente como si tuviera que rendirle cuentas a alguien más por mi desempeño. En efecto así sería. No me había dado cuenta pero yo era la única responsable de lo que había pasado con mi salud y haber engordado tanto. Ya en su momento le daría cuenta a Dios. Debí de haberme cuidado para poder honrar y glorificar a Dios con el cuidado que le daba a su templo y no lo había hecho.

Ya habiendo asumido la responsabilidad de ejercitarme, trataba de hacerlo ameno procurando escoger en el gimnasio aquellos equipos que menos me aburrieran. Intentaba distraerme conversando o escuchaba algún tipo de música que me animara. En mis años de adolescente me gustaba mucho el baile, así que caminar en la trotadora al paso que me marcaba la canción o pedalear la bicicleta estacionaria al ritmo de la música me divertía muchísimo. Me remontaba a aquellos años en los cuales me pasaba la vida pendiente de la radio para cuando sonaran mis canciones favoritas encerrarme en mi cuarto a bailarlas. Fue la época de mi vida cuando tuve la mejor condición física y cuando era menos obesa. Para entonces, lejos de continuar con el patrón de aumento de peso que llevaba desde la niñez, más bien bajé un poco. Luego mi peso se estabilizó, mi metabolismo estaba funcionando a bien y sin tener la intención, quemaba cientos de las calorías que ingería de más diariamente tan solo por bailar. Debía de estar pendiente todo el día a mi estación favorita para no perderme de esos temas que tanto me gustaban. Creo que de ahí es que nace mi amor por la radio y el interés en la locución. Recuerdo también que en la casa solo contábamos con una radio vieja obtenida de segundas manos que tocaba *eight track*. Ya para los años ochenta lo usual era tener en los hogares al menos un equipo de música con "dial" para poder sintonizar las emisoras y un plato giratorio con aguja para tocar los llamados discos de vinilo o "Long Play" (LP). Otros aún más modernos incluían casetera. De seguro ya existían los discos compactos pero esos no llegaron a mi vida hasta una década después. Mientras tanto, nos conformamos con lo que teníamos porque en mi hogar no había dinero para ese tipo de lujos. Con el tiempo llegó a mi vida una de esas memorables videocaseteras, y entonces ya no tenía que esperar que pasaran mis canciones favoritas por la radio sino que grababa los videos musicales de las mismas en los videocasetes y los podía disfrutar una y otra vez. Este nuevo sistema me funcionaba aún más porque ya no tenía que improvisar mis coreografías sino que las copiaba de las que veía en los videos y estas eran mucho más complejas y desafiantes. Es cierto que aturdía a mi familia con mi música y mi bailoteo pero sin tener la intención, entre canción y canción me divertía y a la vez me ejercitaba.

AL DESCUBIERTO

Al momento en que el médico me dio el visto bueno para hacer ejercicios más fuertes, ya había perdido muchísimas libras y superado mis complejos de sentirme observada. Me animé a continuar haciendo ejercicios, esta vez probando un equipo nuevo llamado bicicleta elíptica. Se me hizo muy difícil al principio pero luego la fui dominando, y le tomé tanto cariño que le puse hasta nombre y la había convertido en mi mejor aliada. Al principio se me recomendaba hacer solo ejercicios cardiovasculares para ir quemando grasas pero luego me autorizaron a ir poco a poco añadiendo pesas. Eran rutinas de muy poco peso y muchas repeticiones para que los músculos fueran tonificándose mientras yo continuaba rebajando. Con el pasar de las semanas me di cuenta de que a medida que el músculo se fortalecía iba dominando el peso que levantaba y debía cambiar a uno mayor. Realizaba rutinas de levantamiento de pesas para todo el cuerpo sin tener ninguna intención de desarrollar musculatura sino más bien fortalecer mi cuerpo para que, a medida que fuera perdiendo grasa y el músculo se fuese exponiendo, tuviera un buen tono muscular. Lo logré en algunas áreas de mi cuerpo como la espalda, pantorrillas y hombros sin embargo, en otras zonas no fue tan simple.

Había logrado bajar más de cien de las ciento cincuenta libras que debía de perder y lejos de estar feliz, ya me sentía algo frustrada por mi nuevo aspecto. Los cambios fueron tan repentinos que no me dio tiempo a asimilarlos. Necesité de mucho apoyo emocional en esta parte del proceso para poder aceptar y adaptarme a mi nueva imagen. Para empezar, no me acostumbraba a mi recién descubierto corte de cara. Prefería la forma redonda y los cachetes de mi cara de gordita. En adición, pensaba que me veía dientuda, que mi sonrisa había cambiado y no me gustaba. Igual pasaba con mis extremidades: las sentía desproporcionadas con el resto del cuerpo. Me costó asimilar que tanto mis pies, mis manos y hasta la forma de la cara, siempre fueron de ese mismo tamaño, yo solo no lo sabía. Habían estado ocultos bajo muchísima grasa por cuarenta años y por eso lucían diferentes.

En las zonas del cuello, vientre, brazos así como en los muslos, la historia era otra: había perdido tanto tejido adiposo que en dichas áreas la piel colgaba vacía y se apiñaba con un aspecto arrugado. El tejido estaba flácido y tampoco era de mi agrado. Era de esperarse que esto pasara porque después de los veinticinco años nuestros cuerpos dejan de producir colágeno. Esta hormona, entre otras cosas, nos ayuda con el proceso de restauración de la piel y los cartílagos en el cuerpo. A pesar de que tomaba suplementos del mismo más vitamina E, biotina y otros que ayudan a la regeneración de tejidos, mi piel había estirado y estriado a tal extremo que ya no recogía. La única solución lógica que se me ocurría para corregir el problema de la piel suelta era una cirugía reconstructiva. Esta es la última fase del proceso de pérdida de peso que ya había comenzado. De hecho ya estaba estipulado que una vez llegase a alcanzar la meta establecida por la cirujana, ella misma debía autorizarme para que fuera sometida a la reconstrucción de senos y abdomen que eran las áreas de mi cuerpo más afectadas. Algunas compañías aseguradoras de mi país aprueban costear este tipo de cirugías que en muchos casos es meramente estética, para pacientes que se han sometido a un *bypass* gástrico por considerarlas necesarias luego de una pérdida de peso masiva.

Ya por mi parte había comenzado a indagar entre otros pacientes y hasta había visitado a algunos cirujanos plásticos, clínicas y otros, cuando conocí un matrimonio que me contó que su hija había perdido muchísimo peso al igual que yo. Me hablaron de que ella no tuvo que llegar a someterse a una cirugía de reconstrucción en áreas como los brazos y piernas porque rellenó todo el exceso de piel con masa muscular. Se había dedicado a levantar pesas y sus músculos crecieron al punto que llenó la piel suelta. No fue necesario realizarse la braquioplastía. Esta es una cirugía que se realiza en el área de los brazos donde se remueve todo el exceso de piel colgante. Usualmente es una incisión que llega desde la axila hasta el codo y corta todo el tejido cutáneo que se encuentra flácido y ayuda a mejorar la apariencia de los brazos. La idea de rellenar el exceso de piel con masa muscular me gustó mucho más que la otra idea de hacerme una cirugía reconstructiva en brazos y piernas. Con el debido asesoramiento del personal del gimnasio, comencé a cambiar el enfoque de mi rutina de pesas. Ahora estaría levantando más peso con el propósito de crecer en músculo y así poder rellenar al menos parte de la piel colgante en vez de ser intervenida quirúrgicamente.

Al día de hoy no puedo afirmar que la apariencia de mis extremidades es la ideal, pero tampoco puedo decir lo contrario. No me quejo, estoy más que satisfecha con los resultados, la piel se ha rellenado bastante y se disimula el exceso de tejido cutáneo. Al comparar mi caso con el de otras personas que al igual que yo han tenido pérdidas de peso masivo y no se han sometido a cirugías reconstructivas en dichas áreas, quedo conforme. El levantamiento de pesas no solo ha hecho que mis músculos crezcan, sino que a su vez sean mucho más fuertes. La realidad, es que mi intención era crecer en musculatura por razones meramente estéticas, no porque quisiera ser más fuerte.

Recuerdo estar una noche en el gimnasio y mientras bromeaba con uno de los compañeros decía: "Yo no entiendo que es lo que yo hago aquí metida a las nueve de la noche. Las mujeres normales a esta hora están viendo novelas y haciéndose un "dubie" en el pelo para mañana amanecer bellas. Sin embargo, yo estoy aquí sudando y levantando pesas como si fuera un hombre". Continuaba el chiste diciendo: "Total…¿para qué quiero tanto músculo? Lo más que yo hago es lavar ventanas. Voy a terminar rompiéndolas si sigo poniéndome más fuerte". Dos años después comprendí el porqué Dios me inquietó a fortalecerme físicamente. Al momento no lo entendía porque solo pensaba el fin estético del levantamiento de pesas. Pero luego estaba agradecida a Dios por la fuerza física que me permitió adquirir. Me ha servido mucho más de lo que pensé para enfrentar los retos físicos que me trajo una nueva temporada que me tocó enfrentar eventualmente.

Ya había consultado algunos cirujanos plásticos indagando relacionado al tema de las cirugías reconstructivas cuando un amigo médico me recomendó al cirujano plástico que había operado a su esposa. Me llamó la atención el hecho de que otros colegas suyos en el hospital fueron quienes se lo recomendaron a él. Fui a ver a este cirujano por la recomendación que me hicieron, pero resultó ser también especialista en cirugías reconstructivas a pacientes bariátricos. En visitas previas a otros cirujanos plásticos no me había sentido a gusto con el trato. Trabajar con pacientes que se sienten inseguros con su apariencia física requiere de cierta sensibilidad, y yo aún no la había encontrado en las clínicas que había visitado. Dios fue bueno conmigo y me permitió llegar a las manos correctas. Desde el primer momento me sentí en confianza. Justo al año y un mes de haberme reducido el estómago y alcanzar mi peso meta fui sometida a dos cirugías plásticas reconstructivas: una abdominoplastía extendida y levantamiento de senos. Las mismas fueron realizadas el mismo día. Estuve once horas anestesiada en sala de operaciones. No conozco a ciencia cierta cuántas libras de piel fueron eliminadas pero asumo que fueron entre siete a diez libras. A un mes de haber sido operada pesaba aproximadamente diez libras menos. Los resultados fueron más que satisfactorios. Hoy día repasando las fotos que se tomaron antes, durante y días después de la cirugía, doy gloria a Dios por lo que Él me ha permitido vivir. Una vez más había entrado a sala de operaciones con mucha fe creyendo que Dios estaba en control, Él me había respaldado.

De incógnito

Otra de las cosas que descubrí fue la verdadera forma de mi silueta. En un periodo de menos de un año bajé de talla veintiséis (extraextragrande) de vestido a talla seis (pequeña) de mujer. La parte divertida no era la posibilidad de tener que ir de compras constantemente por los cambios súbitos de tamaño, sino, cómo Dios me suplió durante todo el proceso para que realmente no tuviera que invertir dinero en ropa hasta que mi peso se estabilizaba. Recibí donaciones, regalos y ropa de segundas manos que me vistieron hasta que llegué al peso meta.

Admito que me ha tomado una eternidad aprender a amarme, aceptarme y hasta vestirme apropiadamente. Bajar tantas tallas en tan poco tiempo nos priva hasta de la oportunidad de ponernos una prenda de vestir tres veces antes de tener que alterarla o donarla. De hecho, el tamaño de ropa no fue lo único que cambió, sino que también bajé dos tallas en el calzado y tres en la medida de mis dedos. Todo en mí parecía haberse encogido, hasta mis anillos me quedaban grandes. Los cambios fueron tan severos y repentinos que no me daba el tiempo para ajustarme a ellos y no necesariamente me resultaban del todo cómodos. En más de una ocasión previo a mi cirugía reconstructiva tuve que recurrir al uso de fajas para poder acomodar el exceso de piel que colgaba en mi abdomen. Utilizaba piezas de ropa sueltas para poder disimular un poco el bulto de piel estirada que cargaba en el vientre. Era esa misma sensación que tuve cuando estaba en esa etapa chistosa de mis embarazos, donde la ropa me entallaba de todas partes menos de la panza. Estaba clara en que lo que experimentaba era parte del proceso y que era algo pasajero. Pero, aún así me resultaba desesperante.

Doy gloria a Dios por Juan Carlos, fue tan paciente y amoroso que aun mis pellejos fueron celebrados. Su apoyo fue vital para que mi autoestima no se viera aún más afectada. No es nada fácil para una mujer pararse frente a su esposo sintiéndose insegura. Las palabras de afirmación, y las expresiones de cariño y aceptación de parte del cónyuge son indispensables para que las personas que se someten a este tipo de procesos puedan culminarlos mentalmente sanos. Es muy importante recibir consejería y ayuda sicológica por parte de un profesional de la salud mental. Sonará tal vez paradójico, pero soy de aquellos que piensan que cuando se enfrentan cambios tan fuertes como estos que viví, podemos llegar al punto de pensar que al perder peso, perdemos también hasta la identidad.

Me pasó muchas veces que gente que no me había visto ya por algún tiempo cercano a la fecha de la operación, al encontrarse conmigo, no me reconocían. Era usual que me parara al lado de algún conocido y no supiera quién era yo hasta que me escuchaba hablar. Entonces, me reconocían por el tono de mi voz o porque yo misma me identificaba. Me divertía con sus expresiones de sorpresa y admiración; era como andar de incógnito en mi propia piel.

Recuerdo en una ocasión que me disponía a cruzar las dos puertas de cristal que me llevan al estudio de controles de la radio para la cual trabajo. Luego de pasar por la primera de ellas, me pareció haber visto a una mujer parada detrás de la segunda puerta. Me dispuse a salir a atenderla cuando me di cuenta de que no había nadie. Era mi reflejo proyectado en la segunda puerta de cristal. Me estaba viendo a mí misma reflejada y no me reconocía. Había pensado que era alguien más parado detrás de la puerta esperando a ser atendido. De pronto, el suceso me pareció chistoso pero a la vez me puso en perspectiva del impacto sicológico que producían todos los cambios que había estado experimentado. Aún mi cerebro no asimilaba bien el nuevo tamaño de mi cuerpo. Me pasó por mucho tiempo, luego de haber bajado de peso, que antes de sentarme en cualquier silla me hacía preguntas como: "¿Cabré yo en esa silla? ¿Podrá aguantar mi peso?". Lo mismo me pasa todavía al momento de comprar ropa porque siempre pienso que no me va a servir la pieza elegida, independientemente que sea de mi talla.

La experiencia en la casa fue diferente. Al tener que verme a diario, mi familia se adaptó con facilidad a los cambios. Dios me había bendecido con dos niñas sensibles e inteligentes que comprendían lo que me estaba pasando y por ende no lo resentían. Mi esposo, como el amor lo cegaba, me expresaba su orgullo, celebraba mis logros y hasta me consolaba en mis momentos de frustración. Aceptaba tan bien mi nueva imagen que hasta bromeaba cuando lo abordaron sobre el tema y decía celebrando: "¿Tú sabes lo que es que después de doce años te cambien la mujer por completo? ¡Estoy estrenando!". Las niñas también hacían sus chistes y bromeaban relacionado al exceso de piel en mi cuello y en mis brazos. En una ocasión, Laura Andrea, la mayor de mis hijas, que para entonces tendría unos nueve años, me dijo: "Mami, ya tienes dos alas y hasta un pico de pelícano. Solo te faltan plumas para que seas un ave".

Muy a mi pesar no todas las reacciones ante mis cambios fueron positivas. Escuchar comentarios tales como: "Ahora cuando te veas flaca vas a dejar a tu esposo". Fue doloroso e innecesario. Juan Carlos por su parte también me contaba que fue presionado por terceros para bajar de peso solo porque ya yo lo había logrado. Otros con un poco más de tacto solo opinaban que ya yo había adelgazado mucho y que no debía bajar más de peso.

Balance y equilibrio

Me regalaron mi primera bicicleta en enero del 2013. Tenía cuarenta años y aún no sabía cómo montar una. Confieso que temblaba de miedo pero igual me animé a arriesgarme y pelarme las rodillas aprendiendo. Era algo que había deseado toda la vida y mis padres nunca me lo permitieron por temor a que me lastimara. De grande no me atreví porque estaba muy pesada y sentía que no había forma de equilibrarme sobre ese aparato, cuando me costaba balancearme sobre mis propios pies al andar. Igual me empeñé en aprender a montarlo. Mis hijas me estaban observando con altas expectativas y no estaba dispuesta a modelarles otra cosa que no fuera determinación y valentía. Después de todo no fue tan difícil aprender a andar en bicicleta. Al principio Juan me impulsaba para que pudiera ponerla en marcha y yo solo tenía que mantenerme pedaleando mientras me balanceaba. Mi esposo también agarró mi sillín para darme balance, luego me enseñó a impulsarme sola y me socorrió todas las veces que terminé enterrada en el jardín de la casa del vecino.

Me pasó igual en el momento en que comencé a ingerir comida regular luego de la operación. Tuve que aprender a buscar el equilibrio a la hora de comer. Debía tomar buenas decisiones, velar el tamaño de las porciones y detenerme cuando me sintiera llena. Ya se me había dado el impulso inicial, ahora, me tocaba a mi solita mantener el balance a la hora de ingerir mis alimentos por el resto de mi vida. Técnicamente puedo comer de todo en esta tercera etapa pero, debo evitar ciertos alimentos, en especial, aquellos que son altos en grasa y azúcares. Con la ayuda del Padre y algo de determinación me he ido acostumbrando, ya al momento se me hace mucho más fácil llevar una dieta balanceada y sobre todo saber cuándo parar. Sé muy bien que cuando Dios está a nuestro favor, al igual que lo hizo Juan cuando me impulsaba en la bicicleta, Él nos inspira para que logremos conquistar nuestras metas. Ahora, cada vez que me toca alcanzar algún reto nuevo, recuerdo lo que me dice la Palabra: *"Todo lo puedo en Cristo que me fortalece"* (Filipenses 4:13)

Lo aprendido

No creo poder enumerar todas las cosas que gané de esta experiencia que Dios me ha regalado. Empezaré por decir que lo más importante es que al fin entendí que debía estar conectada con el Espíritu Santo todo el tiempo y sobre todo consultarle antes de tomar cualquier decisión. Cuando Él está de acuerdo con el asunto y yo me muevo en obediencia, todo fluye sin complicaciones porque Él se encarga de todos los detalles. Luego de eso, puedo mencionar la disciplina recién adquirida. Es una herramienta útil que me ha ayudado en todos los aspectos: salud, finanzas, trabajo y sobretodo en el plano espiritual. Yo era una mujer indisciplinada para cuidar de mi cuerpo y también lo era para cuidar de mi espíritu. Aprendí que al igual que logré crear el tiempo dentro de mi agenda para ir al gimnasio, podía sacarlo para congregarme más y tener ese tiempo tan necesario de intimidad con Dios orando y leyendo su Palabra.

Adquirí la fuerza moral para poder hablarle a mi familia de los beneficios de ejercitarse y de llevar una buena alimentación. En el pasado se los mencionaba pero no se los modelaba. Mis hijas son propensas a sufrir de sobrepeso y ahora he adquirido nuevos conocimientos y la experiencia para poder ayudarlas. Ellas ya conocen de primera mano todo lo que se puede lograr cuando ponemos nuestra confianza en el Señor. Mi esposo también fue motivado a hacer cambios en su alimentación. Al haber vivido junto conmigo todo el proceso de la cirugía bariátrica supo desde el principio que esta herramienta no era para él. Entendía que se podía bajar de peso sin tener que operarse, así que hizo cambios en su dieta y comenzamos a ejercitarnos juntos en familia. Compramos nuevas bicicletas y en nuestros días libres salíamos a correr o nos íbamos a caminar. Poco a poco cambió su manera de comer, también las raciones de alimentos que ingería y llegó a perder más de cien libras de sobrepeso.

En cuanto al plano profesional, la verdad es que me había ocultado por años detrás de un micrófono. Evitaba eventos públicos, conciertos, tarimas, fotos, grabaciones de videos y todo lo demás que fuera a exponerme físicamente ante la audiencia que todos los días me escuchaba. No era necesariamente por mantener el anonimato sino más bien porque no quería enfrentar nuevamente la cara de desaprobación en muchos de ellos. Mi voz parecía no ir acorde con la imagen auditiva que ellos se habían formado. Al conocerme inicialmente me miraban sorprendidos y decepcionados, y justo después llegaba la misma frase que escuchaba una y otra vez: "Yo te imaginaba diferente". Los que me han conocido luego de haber bajado de peso les cuesta imaginarme con ciento cincuenta libras extras. El cambio es evidente no solo físicamente sino emocionalmente. Mi autoestima ha mejorado muchísimo y eso se ha hecho notar en mi desempeño laboral y cuando me toca encontrarme con los oyentes. Es una realidad que mi transformación física también ha generado mucha atención y ha sido beneficioso para mi carrera como locutora de radio. Para ser honesta no he hecho grandes cambios en mi estilo de locución. Técnicamente sigo haciendo exactamente el mismo trabajo que hacía antes, pero es un hecho que el haber bajado tanto de peso ha generado cierta curiosidad en la audiencia. Antes de rebajar, la gente se me acercaba solo porque le agradaba mi trabajo en la radio. Al haber un cambio físico tan drástico, muchos se acercan ahora porque la historia le resulta de inspiración para alcanzar sus propias metas. Por las razones que sea que el público elija para acercarse, yo solo aprovecho la atención para testificar de lo que Dios ha hecho en mi vida.

TRECE AÑOS, DIEZ MESES Y NUEVE DÍAS

MUCHOS DICEN QUE se gana perdiendo, pero a pesar de todas las lecciones aprendidas durante los diferentes procesos ya no quisiera volver a perder nunca jamás. Como mencioné, el diccionario define la palabra pérdida entre otras cosas como: "Carencia, privación de lo que se poseía". No hablamos de una entrega voluntaria sino de un desprendimiento impuesto. A mis cuarenta y un años ya había tenido suficiente de eso. La más dolorosa de todas me tocó el 26 de marzo de 2014 a las 3:26 de la tarde. Era un miércoles como cualquier otro. Ese día mi Juan Carlos salió temprano de la casa, como de costumbre, a llevar las niñas al colegio. Luego haría algunas diligencias y más tarde se iría a trabajar. No tenía planes de estar todo el día en la oficina porque estaba citado a una reunión cerca de nuestra casa con el personal del hogar de cuidado de ancianos donde hacía apenas un mes habíamos instalado a su mamá. A lo largo del día usualmente teníamos varias conversaciones telefónicas e intercambio de mensajes de texto. Algunas más largas que otras, y en su mayoría de asuntos cotidianos, manteniéndonos en constante comunicación hasta reunirnos en la noche.

Cerca de las nueve de la mañana lo llamé para consultarle de unas compras y noté que se le dificultaba articular al hablar. Al preguntarle qué le sucedía, que por qué se escuchaba diferente hablando, lo único que pudo decirme era que se había tomado en la mañana un medicamento que se le había prescrito para ser tomado antes de acostarse. Le tocaba tomarlo la noche anterior pero que lo había olvidado, así que lo tomó antes de salir a trabajar. Me dijo que no lo volvería a hacer porque parecía que le daba sueño. Cerca de las tres de la tarde y justo cuando salía de la reunión en el hogar de ancianos, hablé con él nuevamente para ver qué tal le había ido en la reunión. Para entonces se le dificultaba tanto hablar, que yo apenas lograba entenderle. Me dijo que haría una parada más en una panadería cercana para buscarle un pan que su mamá le había pedido y que luego se iría a casa. Ya en ese punto estaba preocupada y le dije: "No. No te preocupes. Ya voy de camino, así que yo busco el pan y se lo llevo a tu mamá. Vete mejor a la casa porque no te escuchas bien".

Una hora después, al llegar al pueblo donde vivimos, intenté hablarle nuevamente y no me respondió. Insistí y al ver que después de varios intentos Juan Carlos no me contestaba el teléfono, cancelé la parada en la panadería y me fui de inmediato a la casa a ver qué le sucedía. Sabía dentro de mí que algo andaba terriblemente mal porque él siempre, sin importar cuán ocupado estuviese, me contestaba las llamadas.

En el momento en que me dispuse a tomar la carretera que conduce a mi casa me encontré con que el tráfico estaba muy lento y estaba siendo desviado por una ruta alterna debido a un accidente automovilístico que había ocurrido unos metros más adelante de donde me encontraba. Fue en ese momento que recibí la llamada de un vecino para indicarme que la policía me estaba procurando en mi hogar. Sin pensarlo dos veces me detuve abruptamente frente a la primera casa que encontré. Estaba con las dos niñas y quise escuchar lo que el vecino tenía que decir antes de continuar mi trayecto. Este le pasó el teléfono al policía quien en un tono frío y cortante me soltó la noticia que cambió mi vida para siempre. Fue sin contemplaciones, sin tacto, sin protocolos que aquel hombre me preguntó si yo era Laura, a lo que contesté afirmativamente y sin preguntar más me dijo: "Ah, pues mire: que es para que sepa que su esposo Juan se mató en un accidente de carros en la carretera… (mencionó el número de la carretera), ¿sabe?". Sentí que me echaron un balde de agua fría. Creí que moría yo también.

Instantáneamente, y recordando que las niñas estaban conmigo respiré profundo tratando de controlar mi reacción ante lo que acababa de escuchar. Sabía por experiencia propia que la manera en que reaccionara marcaría a mis hijas para siempre. Así que, haciendo mi mejor esfuerzo por controlarme, solo le pedí que le pasara el teléfono de vuelta a mi vecino. Necesitaba que alguien de mi confianza me confirmara lo que yo acababa de escuchar. Me negaba a creerle al policía, no solo por la negación inicial que experimentamos cuando recibimos este tipo de noticias, sino también porque me costaba creer la manera tan irregular en que me había informado lo sucedido. Al preguntarle al vecino si era cierto lo que yo creía haber escuchado solo pudo responder con pesar: "Mira sí, parece que Juan tuvo un accidente". No tuve por qué dudar más el resto de la información, pero igual me negaba a creerlo.

Digiriendo la noticia

Lo primero que sentí fue furia e incredulidad, pero no era ese el momento de estallar en llanto. Tenía que mantener la calma y tratar de pensar con claridad. No había tiempo para histerias porque tenía asuntos mayores que atender: tenía que insistir en conseguir a Juan porque me negaba a creer lo que decían. Además las niñas andaban conmigo en el carro y no sabía cuánto habían llegado a escuchar de aquella conversación. No quería alterarlas ni preocuparlas hasta tanto aclarara todo lo que se me había dicho. Tuve que disimular el impacto de la noticia velando mis emociones y expresiones en ese instante; cosa dura para hacer cuando sientes que el pensamiento se nubla y el corazón se quiere salir del pecho. Quise hacer una oración, pero tenía tanto dolor que solo me salió: "¡Qué mala broma!". Me negaba a creerlo.

Me bajé y me paré al lado del carro dejando las niñas dentro. Volví a intentar llamarlo con la esperanza de que me contestara, y él no lo hacía. Por último rastree su equipo telefónico para ver exactamente dónde era que estaba y muy a mi pesar me aparecía a solo pasos de mí, justo donde me habían indicado había ocurrido el accidente. No me podía seguir engañando. Allí estaba Juan o al menos su teléfono, y él no lo estaba contestando. Parecía ser cierto lo que me decían y yo insistía en pensar que esto que vivía no era real. Esperaba, que al igual que me había pasado antes, en cualquier momento Juan Carlos iba a despertarme diciendo: "Mamita despiértate. Estás teniendo una pesadilla". Así solía hacer cuando me sentía inquieta mientras dormía.

Todo era muy confuso. Tenía que pensar con claridad y no podía porque sentía que mi cabeza solo daba vueltas pensando en mil cosas a la vez. Me moría de ganas por salir corriendo hasta el lugar del accidente para ver si era cierto que era mi esposo quien estaba allí muerto a solo pasos de mí. Me detenían las niñas. No podía dejarlas solas ni llevarlas conmigo a enfrentar una escena como esa. La dueña de la casa en donde me detuve y otras vecinas regresaban caminando de haber ido a ver el accidente. Rápidamente le pregunté por las descripciones del vehículo y las de la persona que se había accidentado. Me describían a Juan Carlos y a su carro. Yo seguía en negación. Volví y les pregunté si en efecto la persona había muerto y me dijeron que sí. Les dije que sospechaba que era mi esposo, que había recibido una llamada de un policía pero que no podía ir a identificarlo porque andaba con las niñas. Se ofrecieron a cuidarlas para que yo pudiera ir, pero no me sentía cómoda dejándolas con perfectos extraños. Por otra parte, pensaba en que nada me garantizaba que yo iba lograr mantener el aplomo cuando lo viera. Si eso pasaba, las niñas se quedarían sin nadie conocido que se encargara de ellas.

Comencé a hacer llamadas a compañeros de trabajo, familiares y amigos para que fueran a apoyarme con mis hijas en lo que iba con mi Juan. Entre llamada y llamada llevaba una oración intermitente donde volví otra vez a los reproches, a los por qué. Le reclamaba a Dios por lo que me estaba pasando. No le pedía de favor, más bien le exigía, que si era cierto lo que me habían dicho, entonces que me devolviera a mi esposo en ese mismo instante. Que lo levantara de donde estaba y que me lo llevara caminando a mi lado. Que no era justo lo que me estaba haciendo. Que no estaba contenta. Me atreví a recordarle que hacía apenas unos días acababa de rechazar un proyecto de trabajo tan solo porque sentía que me sacaba fuera de su plan divino. Decía rabiando entre dientes y dándole la espalda al carro donde se encontraban las nenas: "¿Este es tu plan? ¡Pues a mí no me gusta tu plan! ¡Devuélveme a mi esposo ahora!". Cómo era posible que aun dejando ir oportunidades de trabajo para dedicarme solo al ministerio, Él escogiera quitarme la fuente principal de ingresos de mi hogar. Que yo amaba a Juan. Que quién me apoyaría con las niñas. Que Él no me podía hacer esto a mí. Que yo trabajaba para Él. "¡Yo quiero a mi esposo!", le decía furiosa. "¡Devuélveme a mi esposo!", le exigía una y otra vez mientras iba llamando uno a uno a todos los que pensaba que podían apoyarme en ese momento. La urgencia mayor era el que alguien me pudiera relevar con el cuido de las niñas para yo poder llegar hasta donde Juan estaba.

¡Qué momento tan amargo en mi vida! Me sentí tan traicionada y abandonada como cuando era pequeña. Supongo que debe ser algo así como lo que sintió Jesús en el Calvario. El texto de Mateo 27:46 narra que el mismo Jesús se sintió abandonado en un momento de crisis: *"Como a las tres de la tarde, Jesús gritó con fuerza: —Elí, Elí, ¿lama sabactani? (que significa: "Dios mío, Dios mío, ¿por qué me has desamparado?")".*

Ya no era solo el enojo por la pérdida repentina y absolutamente inesperada de mi esposo. Era además, el miedo aterrador que sentía a enfrentar la vida sola con esas dos niñas. Estaba bajo la impresión de que ya no tan solo tendría que criarlas sin su papá sino también las estaría criando sin Dios. Creí que literalmente me daba la espalda.

Mientras esperaba, las niñas ya se estaban inquietando dentro del auto. Cada vez que me volteaba para vigilarlas o hablarles, me secaba las lágrimas y trataba de sonreír para lucir calmada y así no sospecharan nada. Cada vez que podía volvía a mi oración intermitente: "¿Por qué tú me haces esto? ¿Qué más tú quieres de mí? ¿Por qué me procesas así? ¿Cuánto más fuerte quieres que yo sea?". Sentía como si Dios se había ensañado conmigo otra vez. No lo comprendía. Me sentía aturdida por la noticia. A mi alrededor la gente salía de sus casas e iban y venían del lugar del accidente. Yo me encontraba a tan solo pasos del cuerpo de mi esposo y no podía estar con él. Me veía tentada a ir pero volvía a contenerme por el bien de las niñas. Había que esperar en lo que llegaba alguien de mi confianza para poder dejarlas y ver con mis propios ojos si en efecto todo era verdad. Mientras tanto me desesperaba y consumía de angustia. Pasó más de una hora, Laura y Paula de diez y siete años respectivamente, se aburrían en el carro. Les daba hambre, sed, se querían bajar y no paraban de preguntar por qué no nos íbamos a casa y si ya había hablado con Papi. Yo volvía a sonreír fingiendo estar calmada para lograr mantenerlas dentro del carro con el acondicionador de aire prendido. Tenía miedo a que escucharan las conversaciones de los vecinos y lo que yo misma hablaba al teléfono. Finalmente llegó alguien cercano. Era el pastor Ángel Claudio, parte de la junta directiva de la radio para cual laboro, capellán y capitán de la Policía de Puerto Rico. De la emisora le habían avisado y rápido se movilizó al lugar en un vehículo oficial de la policía.

Nuevamente se me ocurrió la idea dejarle a cargo de las nenas para yo poder ir hasta donde estaba el accidente. Quería saber qué, cómo, cuándo y por qué todo esto había ocurrido. Pero el pastor lo primero que me dijo fue que tuvo acceso a la escena y había visto el cuerpo. Con su temple pastoral me confirmó que en efecto, era Juan Carlos mi esposo quien había fallecido en aquel accidente de autos. Agraciadamente no hubo otra persona lastimada o involucrada en el mismo. Todo señalaba a que Juan Carlos simplemente había impactado un poste de concreto del tendido eléctrico, muriendo en el acto. No fue hasta que llegaron los resultados finales de su autopsia que pudimos concluir lo que había sucedido. Todo indicaba que él no estaba alerta al momento de su muerte. Los exámenes forenses que le realizaron en sangre, arrojaron que los niveles del medicamento que había estado tomando eran lo suficientemente altos como para lograr este efecto. Tampoco hubo marcas en la carretera que indicaran que él había tratado de frenar el auto, defenderse del impacto o evadir el poste de alguna manera. Sospechamos que sólo se quedó dormido.

Entonces ya sí sentí colapsar. El pastor lo había reconocido, sabía quién era Juan Carlos. No iba a mentirme. Sentí como un tipo de combustión en el pecho. En ese instante elegí no ir a ver el accidente. Si era cierto que Juan Carlos estaba muerto entonces ya él no me necesitaba, pero sus hijas sí. Si iba y me enfrentaba con su cuerpo muerto en aquel lugar, de seguro me desplomaría. Entonces el mundo de mis hijas iba a colapsar por completo con su padre muerto y su madre inestable emocionalmente. Yo misma lo había vivido cuando mi papá se suicidó y me tocó a mí con trece años y diez meses tomar control de la situación porque mi mamá al verlo encendido en llamas, entró en un estado de histeria. Para este momento me sirvió aquella mala experiencia que había vivido veintiocho años antes. Eso que me pasó a mí, no les podía pasar a mis hijas, pensé.

La dueña de la casa donde me había estacionado fue tan amable con nosotros que nos permitió ocupar su sala unos minutos para dejarle saber a las nenas lo que estaba pasando. Saqué las niñas del carro junto al pastor Claudio y nos sentamos calmados. Él con su pasta pastoral comenzó por saludarlas para irlas preparando para darles la noticia. Ya no me aguanté y lo interrumpí en pleno saludo. Tenía casi dos horas conteniendo las lágrimas y disimulando la opresión que sentía en el pecho. No resistía mucho más. Tratando de utilizar mi mejor tono y velando las expresiones de mi cara solo les pregunté:

—¿Recuerdan que les dije que hubo un accidente más adelante y que por eso nos estaban desviando del camino?

Contestaron afirmativamente. Continué diciendo:

—¿Recuerdan cuando les dije que Papi no nos estaba contestando el teléfono?

Ambas contestaron que sí.

—Pues ese accidente que hay más adelante, fue con Papi, —añadí. Las caritas se les transformaron.

—Pero, ¿está bien?, —preguntó una de ellas.

—No mi amor, —le dije utilizando lo último que me quedaba de esa paz fingida—. Papi murió en el accidente.

Quisiera poder borrar las imágenes que tengo grabadas en mi mente de las expresiones de dolor en las caras de Laura y Paula. Nunca les había visto así. Eran niñas perfectamente felices que tenían fe en Dios,

AHORA NOS QUEDABA SOLO DEPENDER DE DIOS, PERO ANTES DE PODER DEPENDER DE ÉL DEBÍAMOS VOLVER A CONFIAR EN ÉL.

y cuyos padres las amaban y las respetaban. Se movían en ambientes cristianos tanto en la casa como en el colegio. Juan Carlos y yo nos esforzábamos por filtrar y controlar lo que leían, veían y escuchaban para que sus corazones no fuesen contaminados. Jamás vieron a sus padres violentarse el uno con el otro, mucho menos separarse. El ambiente en la casa era armonioso aunque estricto, con horarios y rutinas establecidas para que ellas pudieran crecer sanas y estables emocionalmente. Su padre era mi equivalente en todos los aspectos y a la inversa. En mi ausencia, las niñas no carecían de nada porque él era capaz de encargarse de ellas igual o mejor que yo misma. De pronto, lo que era más que un padre y esposo amoroso, buen proveedor, comprometido y responsable, se había ido para siempre. Nuestra vida quedó totalmente desequilibrada porque él era el eje de nuestra familia. Ahora nos quedaba solo depender de Dios, pero antes de poder depender de Él debíamos volver a confiar en Él.

Nuevamente, tenía ese miedo que había experimentado antes creyéndome abandonada por el Señor. En esta ocasión la sensación se triplicaba porque ya no estaba sola, sino con las dos niñas. Debía de depender absolutamente de Dios en el momento en que más resentida estaba con Él. No me gustaba lo que estaba viviendo. Me preguntaba por qué y para qué me desacomodaba de esa manera. Yo sin duda quería hacer su voluntad, entregarme a Él por completo, que su plan se cumpliera en mi vida, pero no bajo estas circunstancias. El dolor me cegaba, y olvidaba que sus misericordias se habían extendido hacia mí muchas veces en el pasado. Que nunca, nunca, me había dejado a pesar de cómo me sentía.

RETROSPECTIVA

Meses antes de su muerte, Juan Carlos entró en unos procesos hermosos de reconciliación. Lo vi crecer como esposo, padre, hijo y tío. Siento en mi corazón, que fue parte del cuidado de Dios preparándole para su partida. Espiritualmente, lo vi acercarse al Señor como nunca antes. De hecho, días después del entierro una de las empleadas del hogar de cuido de ancianos donde Juan había estado reunido dos horas antes de morir, me contó que al despedirse de él lo notó muy emocional. Al ella ser una mujer cristiana, sintió pedirle a mi esposo que le permitiera orar por él. Así lo hizo y todavía en su última hora de vida, mi esposo fue dirigido en oración para que tuviese paz. Creo firmemente que Juan Carlos estaba listo para irse, sin embargo, nosotras no lo estábamos. Lo más doloroso en todo este proceso es precisamente la separación. Dejar de verlo, oírlo y sentirlo es devastador cuando se trata de alguien tan amado. Fue un golpe durísimo para todos.

Cuando perdemos a un ser querido, tendemos a idealizarlo. Hay quien dice que todo el mundo es bueno cuando se muere, pero en el caso de Juan Carlos en particular, él sí lo era. Él no tuvo que esperar partir para entonces ser reconocido como lo que era. Se destacó por ser un profesional de primera línea, un gran esposo, hijo, tío y el mejor padre. Claro que no era perfecto, pero todo lo que provenía de él para nosotras, para la familia extendida y para el que le rodeaba, era bueno y bien intencionado. Hoy día me alivia el recordar que aproveché las oportunidades que tuve para darle las gracias por todo lo que hacía por nosotras mientras lo miraba a los ojos. Que lo reconocí para honrarlo y no solo frente a las niñas, sino también públicamente. Que desde temprano en nuestro matrimonio y hasta el día de hoy firmo con su apellido. Eso para él era más importante y significativo que el que cargara con un anillo puesto en mi dedo.

Las reconciliaciones entre nosotros eran diarias porque siempre había algo que perdonarnos, pero aun en el peor de nuestros días juntos, ninguno de los dos se atrevió a dar un paso fuera de la casa. Estoy convencida de que mi esposo jamás nos hubiese dejado bajo otras circunstancias. El compromiso con su familia se renovaba a diario porque tal y como dice la Palabra en 1 Corintios 13:8 el amor…jamás se extingue.

Hubo algunos sucesos previos al día del accidente que me hacen pensar que el Señor nos venía preparando sutilmente para la despedida. Un ejemplo es que justo un mes antes de la muerte de mi esposo, tristemente mi prima enfermó y cayó recluida en el hospital. Era una mujer joven y saludable, pero en muy poco tiempo su salud se deterioró y murió. Mis niñas nunca habían presenciado un funeral. Cinco años antes, cuando murió mi madre, Laura y Paula tendría cinco y dos años respectivamente. Mi esposo y yo estuvimos de acuerdo en que no deberíamos llevarlas a los actos fúnebres. Eran demasiado pequeñas y temíamos que las expresiones de dolor las impactaran de forma negativa. En esta ocasión no sería tan simple porque ya estaban al tanto de lo que estaba ocurriendo en la familia y era alguien a quien conocían y estimaban. Entendimos pertinente que fueran al velatorio y allí les contestaríamos todas sus preguntas.

Mi prima murió el jueves trece de marzo y sería expuesta el sábado quince en la mañana en la misma funeraria y en la misma capilla donde tradicionalmente la familia vela todos sus difuntos. Casualmente, el día viernes, un día antes de que mi prima fuera expuesta, Juan Carlos y yo habíamos estado en ese mismo lugar para ir a despedirnos de los restos de una querida amiga y hermana de la iglesia, quien también había partido con el Señor. A Juan le llamó la atención que a esta última le habían puesto en su muñeca una pulsera confeccionada con liguillas de silicona en colores. Me dijo algo así como: "¡Mira! Parece que un niño la quería mucho. Le hicieron una pulserita". A lo que yo comenté: "De seguro algún sobrinito", ya que mi amiga no había tenido hijos. Para entonces en la isla estaban muy de moda un juguete para que los niños confeccionaran este tipo de accesorio. Él mismo les había regalado uno a cada una de las niñas para el catorce de febrero cuando celebrábamos el día del amor y la amistad. Nunca nos imaginamos que tan solo quince días después de haberle visto la pulsera puesta a mi amiga, una de mis hijas le haría una a Juan Carlos para ponérsela en su funeral.

Al día siguiente, sábado en la mañana, llegamos antes de la hora indicada a la funeraria para poder apoyar a la familia con algunos detalles de último minuto. Aprovechamos que ya el cuerpo de mi prima estaba expuesto y que no había llegado ningún otro familiar, para poder explicarles con calma a las niñas lo que estaba sucediendo. Justo once días antes de morir, el Señor le permitió a mi esposo responder él mismo a las preguntas que tenían sus hijas relacionadas a la muerte. Querían saber cosas tales como: si mi prima estaba dormida y si estaba en el cielo, si la podían tocar y si la tocaban, cómo se sentiría. Recuerdo hablar sobre el proceso de preservación de los cuerpos y de la separación entre cuerpo y alma. Le explicamos de las posibles reacciones de los familiares durante el velorio. Le indicamos qué cosas eran apropiadas para hacer y decir en aquel lugar y cuáles no. Juntos respondimos dentro de nuestro conocimiento, sin drama y tratando de utilizar los términos correctos a todas sus preguntas. Son niñas muy inteligentes y analíticas. Las respuestas debían de ser lo más acertadas posible.

Al día siguiente, domingo dieciséis fue el sepelio de mi prima. Estábamos los cuatro en el estacionamiento cuando vimos salir un coche fúnebre con un ataúd dentro y sin comitiva detrás. A Juan y a mí nos causó mucha curiosidad y quisimos preguntarle al encargado de la funeraria hacia donde llevarían ese cuerpo. Nos explicó muy amablemente que lo llevaban hacia otra funeraria de la misma empresa. Que en esta funeraria donde nos encontrábamos, embalsamaban y preparaban los cuerpos que eran expuestos en la otra. Casualmente a donde se dirigían, era la funeraria donde yo había hecho los arreglos funerarios previos en caso de que no sobreviviera a la cirugía bariátrica. Recuerdo que nos miramos sorprendidos y ambos coincidimos en que al menos llegamos a ver el lugar donde prepararían nuestros cuerpos en caso de muerte. Trece días después, allí prepararon a mi esposo para su funeral.

El domingo, durante el sepelio de mi prima, todo fluyó como era esperado. Hubo un servicio religioso con cuerpo presente dirigido por otro de sus primos del lado materno de su familia. Era también ministro, y luego de unas alabanzas llevó una palabra de consuelo y exhortación. Durante la oración final, este hombre nos profetizó a los presentes que no sería el último "¡Ay!" para la familia. Que muy pronto vendría otro. Por algún motivo a mí me molestó mucho el que lo hubiera dicho. Me pareció hasta inapropiado anunciarle a una familia que estaba enterrando a uno de los suyos, que muy pronto tendrían que enterrar a alguien más. Solo miré a Juan con incredulidad desaprobando lo que acababa de escuchar. Justo dos domingos después estábamos enterrando a mi esposo. Nuevamente, no me imaginé que se trataba de nosotros.

CAPÍTULO 14

DOLIENDO...

LA COMPARACIÓN DE lo que había sentido en procesos de lutos anteriores, con lo que estaba experimentando en ese momento tras la muerte de Juan Carlos, era de esperarse. Había perdido a mi padre cuando tenía trece años y diez meses. Justo la misma cantidad de tiempo que Juan Carlos estuvo en mi vida. Casualmente a Papi lo conocí el día que nací, un dieciséis de mayo, y a Juan en la misma fecha el día de mi cumpleaños número veintiocho. A ambos los perdí en el mes de marzo, a trece años y diez meses después de haberlos conocido. Dios me permitió estar expuesta a los dos hombres que impactaron mi vida de manera negativa y positiva respectivamente, justo la misma cantidad de tiempo.

A pesar del impacto emocional que me dejó el suicidio de mi papá, el haberle visto ardiendo en llamas, tener que apagarlo y lidiar con la situación siendo tan joven, la partida de Juan me dolía muchísimo más. Es un hecho real que con la muerte de mi padre se cerraba un capítulo de mi vida caracterizado por dolor, abuso, maltrato físico y emocional. Esto, no solo conmigo, sino con todos los miembros nuestra familia. Después de su muerte, hubo días que sí extrañé a aquel hombre de quien puedo destacar que era inteligente, buen cocinero y que por ratos nos hacía reír con sus chistes; pero siendo honesta, mi vida junto a él fue un infierno y ese luto fue liviano. A pesar de las circunstancias en que mi papá murió, la comparación de los duelos era hasta injusta. En nada se compara el impacto de su partida, con lo que acababa de experimentar al perder a mi esposo.

Por otra parte, a diferencia de lo vivido tras la muerte de mi padre, el luto por la pérdida de mi madre fue muy duro. Mi mamá murió de cáncer en febrero del 2009. Desde el mismo momento en que me anunciaron su enfermedad, cinco meses antes de que ella muriera, comenzó el proceso de duelo. A toda la familia se nos había dicho que le quedaba poco tiempo de vida, pero a pesar de estar sobre aviso, yo no estaba lista para su partida. Nada me preparó para el momento en que recibí la noticia. Sentí un dolor desgarrador cuando mi hermano mayor me llamó y solo me dijo: "Ya". Amaba profundamente a mi madre y el golpe de la noticia de su partida me dobló. Recuerdo que no podía ni respirar, tuve que salir al patio de la casa buscando aire fresco, y a pesar de sentir la brisa golpeándome la cara y secándome las lágrimas, no podía aspirarle.

Como hija siempre supe de la posibilidad de que mi madre muriera antes que yo. Después de todo, es ley de vida. Incluso recuerdo tener conversaciones con ella al respecto, donde me narraba de su propio proceso de duelo tras la muerte de mi abuela. Me hablaba de lo doloroso que era perder a la madre no importando la edad que tuviese. Igual, nada me preparó para verla partir. El proceso de luto fue muy doloroso y largo. Necesité de mucho apoyo emocional y espiritual. Recibí consejería por parte del cuerpo pastoral de mi iglesia, y ayuda sicológica por parte de profesionales de la salud. Fui diagnosticada con depresión mayor e insomnio, y fui tratada con medicamentos por un periodo aproximado entre uno a dos años. El apoyo de mi esposo fue vital en el proceso de recuperación. Justo un mes antes de la muerte de Juan Carlos se habían cumplido cinco años de la partida de Mami. Recuerdo mi tristeza ese día en particular, y lo recuerdo a él mismo entreteniendo las nenas para darme un poco de espacio a solas en nuestra habitación para que pudiera llorar. Hasta esa fecha, ninguna otra pérdida me había dolido tanto.

Dejé de sufrir por la muerte de mi mamá en el momento en que Juan Carlos murió. Fue como si el dolor por la pérdida de Mami, hubiese sido desplazado por este dolor fresco de la muerte de Juan. Creo saber exactamente en qué momento concluyó el periodo de duelo, porque desde ese 26 de marzo de 2014, sólo lo recordaba cuando comparaba lo que estaba viviendo con lo que había vivido antes. Fueron muchas las veces que expresé que prefería volver a enterrar a mi madre otra vez, a tener que enterrar a Juan Carlos. Prefería enfrentar ese sabor amargo que nos deja la orfandad, a esta viudez repentina y a destiempo.

Por otra parte, en esta ocasión no se trataba tan solo de lidiar con el peso de mi duelo sino también cargar con el sufrimiento de mis hijas. Mis lágrimas pasaban a un segundo plano cuando tenía que enfrentarme a la carita de Laura Andrea, que de las dos es la menos expresiva. Me preocupaba de sobremanera que no estuviera manejando su duelo apropiadamente. A diferencia de su hermana, se mantenía en silencio y casi no lloraba. En una ocasión la escuché decir: "¿Por qué Jesús no viene ya? ¡Quiero ver a Papi!". Fue mucho lo que me dolió, pero sentí paz al ver que al menos su fe no había sido quebrantada. Tenía la esperanza de que vería a su papá otra vez. Paula Isabel, por su parte, siempre me ha confrontado con sus preguntas y comentarios, pero a medida que iba enfrentando su proceso, las mismas iban escalando en tono, reflejando su dolor. Las preguntas más livianas eran similares a las mías: "¿Por qué Dios se tenía que llevar a Papi?". Pero otras eran muy dolorosas para mí. Mi dolor se agudizaba cuando veía a mi hijita, quien había tenido una niñez tan feliz, deseando morir. Era duro para mí responder esas preguntas cuando yo misma me las planteaba. Mis hijas son niñas que aman a Dios profundamente y son sensibles a su Palabra. Cómo responderles en el momento, si yo misma no hallaba respuestas a mis preguntas.

Lo aprendido

Es aún muy temprano en mi luto para visualizar cuál es el plan de Dios para nosotras. Aún no veo del todo la lección que tengo que aprender tras esta prueba. Sé que me falta mucho, pero al mirar los pasados dos años, me doy cuenta de algunas de las cosas que he aprendido durante esta temporada. Tengo que testificar que he sentido su amor, su cuidado, su provisión y su fidelidad como nunca antes.

Por otra parte, al momento, he recibido testimonios de relaciones que han sido restauradas desde el mismo día del funeral. De gente que ha comenzado a valorar mucho más a su cónyuge y a su familia, a raíz de nuestro proceso. Eso es una gran ganancia. El testimonio más fuerte hasta el momento es el que me han dado mis propias hijas. A esta altura del relato, julio del 2016, Laura Andrea de casi trece años, aceptó al Señor desde los cuatro años, pero hace unos meses fue bautizada en las aguas y ya recibió la unción del Espíritu Santo. Paula Isabel de diez años, quiere ser científica y pastora. El llamado es claro y muy fuerte. Pretende desde ya, que el cuerpo pastoral de la iglesia la entrene. Y en los cultos, quiere orar y ungir a los hermanos que pasan al altar respondiendo al llamado. Hemos tenido que decirle que es algo muy serio. Explicarle que hay que esperar y prepararse antes de ser pastor. Que será en el tiempo de Dios.

> AÚN NO VEO DEL TODO LA LECCIÓN QUE TENGO QUE APRENDER TRAS ESTA PRUEBA. SÉ QUE ME FALTA MUCHO, PERO TENGO QUE TESTIFICAR QUE HE SENTIDO SU AMOR, SU CUIDADO, SU PROVISIÓN Y SU FIDELIDAD COMO NUNCA ANTES.

He visto a mis hijas levantarse, ya no solo como niñas que creen, sino como dos mujeres fuertes y determinadas. Conocen a Quién sirven, saben lo que quieren y hacia dónde van. Laura Andrea dice que será jueza, "porque alguien tiene que enderezar a este país". Dios ya ha usado a Paula Isabel para hablarme en varias ocasiones. Tengo que testificar que a pocas semanas de la muerte de Juan Carlos, me encontré con el pastor Vanyo Esquilín y su hermana Lucy en la emisora. Al verlos, los abracé compungida y lo único que podía decir era: "¡Mi esposo se murió!", lo repetía una y otra vez. En medio de mi llanto, sentí que alguien me abrazaba por las piernas y me sacudía con violencia. Era Paula que aún no había cumplido los ocho años, pero me habló con la autoridad de una anciana. Me dijo: "¡Mami! ¡Confía, confía, confía!". Instantáneamente el llanto cesó. Era cierto y lo había vuelto a olvidar. Solo hay que confiar en Él.

Todavía en el día de ayer, Paula me escuchó orar y desahogarme. Yo me derramaba en lágrimas diciéndole a Dios cuánto extraño a mi esposo. Me quejaba con detalles de todos los asuntos que me preocupan. Enumeraba las necesidades que tiene la familia en este momento y le preguntaba: "¿Qué tú vas a hacer?". Paula de nueve años, me interrumpió. Se dirigió a mí de tal manera que supe inmediatamente que no era ella quien hablaba. El mensaje venía de parte de Dios. En esta ocasión puse a grabar el teléfono discretamente. Aquí transcribo retazos de la grabación que duró casi diez minutos. Paula decía en el minuto dos con dieciocho de la grabación:

> Por lo que yo veo, tú estás quejándote por todas estas cosas que Dios hace. Pero en mis propios ojos, tú ni te das cuenta de lo maravilloso que es Dios. Yo nu...nunca te he visto...Yo nunca te he oído orar: Gracias Dios por todas estas cosas.

Paula estaba muy molesta. Yo trataba de explicarle cuál era el propósito de la oración y tratando de calmarla. Le decía desde el minuto dos con cincuenta y siete de la grabación hasta el minuto tres con cuarenta y siete segundos:

—Paula, yo oro dando gracias a Dios por todo lo que hace. Ahora mismo lo que estaba era orando para desahogarme, porque estoy muy, muy estresada.
—¡Exacto! Dios quiere que lo...que lo sueltes.

¡No estés estresada! Dios quiere que te calmes. Que
sueltes. ¿El libro? ¡Fluuuuye! Tú tienes que...¡Tú vas
a ser la predicadora! La predi...¡Tú eres la viuda favorita de Dios! ¡Tú eres la huérfana favorita de Dios!
(Su hermana Laura estaba presente) Tú no vas...Tú
crees...¡Tú no vas a perder na'! Dios te va a...a
resistir!.

Trataba de calmarla porque estaba gritando exasperada.
Me sacudía con sus palabras. Tenía toda la razón. Debo
dejar de quejarme y dejar de preocuparme por lo que no
puedo controlar. Él ha sido más que claro en que no nos
va a faltar nada. Continué diciéndole:

—No llores Mami, ¿Sabes qué? Tú tienes razón. Yo
debo estar agradecida de Dios y dejar de lamentarme diciendo que extraño a mi esposo y todo
eso...Yo soy la viuda favorita de Dios.
—La hija favorita.
—La hija favorita.
—La hija favorita de Dios. Tú eres la hija favorita
de Papito Dios.
—Yo soy.
—Tú eres la favorita. Nosotras somos las favoritas,
hijas. Vamos a...Nunca va...El fuego...El fuego
nunca nos va a quemar y no vamos a oler como
fuego. Ni como...humo...Vamos a estar...Vamos
a pasar al otro lado. El océano no se ha caído. (...)
Solo falta poco.
—Solo falta poco.
—Moisés, él pa...Él lo pasó en confianza (...)
Pero él tuvo confianza. Él soltó. Él se dejó guiar por
la mano de Dios.

—¿Y tú crees que yo…?

—Abraham, él ni sabía hacia dónde caminar, solo empezó a caminar. Él no sabía qué hacer.

Paula estaba llorando pero no de tristeza, sino de frustración. Era una especie de trance. Se quedaba sin aire. Era como si estuviera furiosa. Me escuchó quejarme y lamentarme mientras oraba. Sin embargo, no me escuchó dando gracias por todo lo que Dios ya había hecho. Nuevamente, me confrontó con sus palabras como lo ha hecho toda la vida. Más adelante añadió al minuto cinco con cincuenta y tres de la grabación:

> —¡Te digo que eres la viuda favorita de Dios! No se te va a acabar el aceite de la casa. ¡No se va a acabar ni un envase! El…¡El envase de la viuda tiene aceite!"
> —Ya, mi amor ya.
> — ¡Hay un montón! El aceite no se ha acabado. Tu futuro no se ha acabado.

Estaba sofocada. Gritaba sollozando. Más adelante, añade a los siete minutos con cuarenta y siete segundos:

> —¡Dios cumplió! Y yo sé que Dios te prometió, ¡que no te va a dejar sola!
> —Sí
> —Dios nunca te va a dejar sola. La viuda no…¡No la dejó sola! Ella tenía a su hijo. Ella se le murió el hijo, re…y revivió. Dios te…Te ha…te va…Te pone en esto, por, por aquí en estos pasos, para que tú aprendas, que Él es ¡magnífico! ¡Él es todo, el Todopoderoso! ¡Nunca vas a perder nada! Dios

no pierde. Lucifer pierde. Dios gana. ¡Y no hay nada que pueda cambiar eso! ¡Dios te va a cuidar!

—Ya, Mami, ya, —le decía tratando de calmarla.

A estas alturas de mi vida, aprendí a no esperar a que llegue la prueba para acercarme más a Dios. Más bien trato de estar conectada en todo tiempo. Aprendí a insistir en verle aunque el dolor me cegara. Igual, a veces, me asusto. Son esas ocasiones que Dios levanta a alguien, como lo acababa de hacer con mi hijita, para recordarme que no estoy sola. He aprendido también a dejar de responsabilizar al Señor por todo lo que me ha pasado a lo largo de mi vida, en especial la muerte de mi esposo. Dios es vida, la muerte nos llega a

APRENDÍ A NO ESPERAR A QUE LLEGUE LA PRUEBA PARA ACERCARME MÁS A DIOS.

causa de nuestra propia naturaleza humana. Las pruebas son temporales. En algún momento voy a poder mirar al pasado y sonreír agradecida por lo que el Señor nos permitió vivir juntos. Mientras tanto me sostengo agarrada de su mano dependiendo solo de Él. Sé que Dios va a tener cuidado de todo. Tal como dijo al apóstol Pablo: *"pero él me dijo: 'Te basta con mi gracia, pues mi poder se perfecciona en la debilidad'. Por lo tanto, gustosamente haré más bien alarde de mis debilidades, para que permanezca sobre mí el poder de Cristo"* (2 Corintios 12:9).

Es mucho lo que he madurado como creyente en los pasados dos años desde que perdí a mi esposo. A pesar de mi frustración al momento de recibir la noticia, Dios continuó extendiendo sus misericordias hacia mí. En esta ocasión, y por las experiencias previas, decidí no desgastarme peleándome con Él. Esa misma noche del accidente elegí soltar mi carga. Me dejé abrazar y consolar por el Espíritu Santo. Tal como aprendí recientemente, debo de sumergirme en su río y dejarme llevar por su corriente. He llegado a la conclusión de que estos procesos a lo largo de mi vida no son tan solo para que mi fe se fortalezca, creo que más bien son para que mi vida, de alguna manera, le sirva de testimonio a otros.

Son muchos los que me escuchan a diario a través de la radio. Otros son alcanzados a través de las redes sociales. En más de una ocasión les prediqué de fe, del amor de Dios y de esperanza. Ahora ha llegado el momento en que todos serán testigos de las promesas de Dios, siendo cumplidas en mi vida. Más cercanas aún, están mis hijas. Me observan con detenimiento, tal y como pasó cuando aprendí a correr mi bicicleta. Sé que tienen la expectativa de ver modelada la fortaleza de la que tanto les hablé. Laura y Paula son niñas con grandes llamados y propósitos. Creo que Dios las va preparando para que puedan testificar de su amor y sus cuidados. A dos años de la muerte de Juan he escuchado a la más pequeña hablando de fortaleza. Consolando a otros en situaciones similares. Ya han visto de primera mano, al igual que lo vi yo en la vida de mi madre, el trato especial de Dios para con las viudas y los huérfanos. Él ha sido fiel.

Al día siguiente del entierro de Papá, decidimos que volveríamos a ser felices. Ciertamente nos tomaría algún tiempo y era evidente que íbamos a llorar mucho. Pero estábamos determinadas a hacerlo de camino a la escuela y de camino al trabajo. No nos quedaríamos tiradas en el piso llorando. Decidimos que la conmiseración no sería parte de nuestra rutina diaria. No era así que íbamos a vivir. El haber visto a Mami, cómo manejó su viudez, y la pérdida del hogar tras el paso del huracán Hugo, me ha servido de gran ejemplo. Nunca imaginé que esta experiencia me ayudaría, pero recurro constantemente a esos recuerdos porque me llenan de inspiración. Mami me dio un buen ejemplo para continuar luchando por mis hijas y por mí y hasta aquí nos ha ayudado Dios.

VAINAS DE VIUDA

Al perder a Juan Carlos, perdí desde al chef, hasta el *handyman* (el hombre sabía repararlo todo). Con él se fue el técnico de computadoras y artefactos tecnológicos, pero también el niñero y el enfermero. Sabía que Juan cubría muchas cosas, pero no sabía cuánto. Todas las responsabilidades de la casa han caído sobre mis hombros. En menos de tres meses tuve que llamar a un electricista por un corto circuito, contratar a un plomero cuando al levantarme encontré la casa inundada por una manga rota en el baño. He tenido que aprender a utilizar desde el generador de electricidad, hasta la máquina de lavado a presión. Quizás no sea mucho para otras mujeres independientes que están acostumbradas a valerse por sí mismas. Confieso que a esta viuda ñoña le ha costado muchísimo trabajo acostumbrarse. A pesar de haber hecho trabajos forzosos y pesados durante la construcción de la casa de mi mamá, ya había perdido la costumbre y hasta las destrezas. Juan me había consentido demasiado. La verdad, yo no abría ni un frasco. No sabía sincronizar el teléfono y a esta fecha no puedo usar el internet inalámbrico de la casa porque nunca me esforcé en aprender la contraseña. Dependía mucho de mi esposo. Al menos Dios me inquietó a prepararme físicamente para lo que me esperaba. Con un fin más vano en mente, me dediqué a levantar pesas. En aquél momento no lo entendía, pero era otra forma del Señor alistarme para el trabajo duro de la casa. He retocado lechadas en las lozas del baño. Corto a machete racimos de guineos del huerto. Hasta he podido agarrar un pico para hacer una zanja en el patio y así el agua drene y la lluvia no me inunde la casa. Hasta aquí nos ha ayudado Dios.

Otra de las cosas que más reciento de la viudez es la soledad. Perdí mi almohada, mi silla y mi frisa pero también perdí a mi amante y mejor amigo. Era mi cómplice en cada proyecto de vida y también en cada aventura que emprendíamos juntos. La única persona a quien le podía expresar todo lo que se me ocurriera sin temor a ser juzgada o mal interpretada. Su amor se extendía al punto de que lograba ser paciente y relajado. Nadie nunca imaginaría cuánta ternura derrochaba Juan Carlos en nuestro hogar. Sin duda, él nos dejó muy buenos recuerdos y el estándar de lo que debemos esperar de un hombre en nuestras vidas. Definitivamente, nosotras creemos en el amor. Después de todo creemos en Dios y Dios es amor. No es algo a lo que nos cerramos, sino más bien celebramos. En su momento, Dios dirá.

Muchas personas se sorprenden de que estemos estables después de semejante pérdida. Otras, se acercan con amor y genuino interés para saber cómo estamos. Solo respondo: Esperanzadas. A quien se acerca para expresarme algún tipo de admiración por la fortaleza que he demostrado hasta el momento, les aclaro que no se trata de mí siendo fuerte. Mi fortaleza viene de Dios. Démosle la gloria al Padre si mi vida de alguna forma te bendice.

Ya me cansé de perder:

1. Me cansé de perder la fe:
   De todas las pérdidas que he enfrentado, la fe es la que más lamento. Cada vez que llegaba alguna crisis mi fe flaqueaba terminando desenfocada. Dejaba de sentir a Dios por completo.

2. Me cansé de perder la paz:
   Perdía la paz cuando trataba de controlar las situaciones con mis propias fuerzas y no lo lograba. Jesucristo mismo nos dice en Juan 16:33: *"Yo les he dicho estas cosas para que en mí hallen paz. En este mundo afrontarán aflicciones, pero ¡anímense! Yo he vencido al mundo"*.

3. Me cansé de perder la confianza:
   No debemos perder de vista a Dios cuando llega la crisis. Siempre habrá aflicciones y dolores, solo hay que confiar que en su momento, todo estará bien. El Señor siempre estará en control de todas las cosas.

4. Me cansé de perder la esperanza:
   Me cansé de frustrarme y

desesperanzarme. Mi futuro está en las
manos de Dios. No importa qué suceda,
siempre todo obrará para nuestro bien.

5. Me cansé de perder el gozo:
   El gozo del Señor es mi fortaleza. Aún
   en pleno dolor es posible sentirlo. En Salmo
   30:11–12 nos dice: *"Convertiste mi lamento
   en danza; me quitaste la ropa de luto y me
   vestiste de fiesta, para que te cante y te glo-
   rifique, y no me quede callado. ¡Señor mi
   Dios, siempre te daré gracias!"*.

Finalmente he comprendido que Dios no nos prometió
que viviríamos sin dolor, pero sí nos prometió que estaría
con nosotros todos los días de nuestra vida hasta el fin.
Quiere decir que aunque pasemos por la aflicción Dios
siempre estará con nosotros y en el dolor nos sostiene, nos
abraza, y nos dice: "Ánimo yo estoy contigo, no tengas
temor". Por eso creemos en Dios y le amamos, porque Él
es fiel y pase lo que pase, nunca nos abandonará. El dolor
forma y fortalece nuestro carácter, y yo soy testigo de eso.

Te invito a aceptar a Cristo como Salvador para que te
acompañe no sólo en esta vida sino en la vida eterna que
heredaremos los que hemos creído en Él.

NOTAS

Capítulo 1: Perder para ganar

1. Real Academia Española, "Diccionario de la lengua española", 2014.

Capítulo 5: Alcanzada

1. Canción "El milagro" de Marcos Vidal. Usada con permiso.
2. Canción "Cara a cara" de Marcos Vidal. Usada con permiso.

Capítulo 8: La sequía

1. Medline Plus, "https://www.nlm.nih.gov," Biblioteca Nacional de Medicina de los Estados Unidos, [Online]. https://www.nlm.nih.gov/medlineplus/spanish/ency/article/002220.htm. (consultado en línea el 17 agosto de 2015).

Capítulo 9: Nuevas temporadas

1. E. Paris, "http://www.bebesymas.com/embarazo/el-cerclaje-uterino-o-cervical," (1 de marzo de 2010).

ACERCA DE LA AUTORA

Laura Mercado es madre, ministro, oradora y una destacada comunicadora puertorriqueña. Se ha desempeñado por más de 18 años en la radio cristiana siendo reconocida como uno de los mejores talentos de la radio local de su natal Puerto Rico. Por los pasados años su espacio radial en 104.1 Redentor, se encuentra posicionado entre los primeros diez en su horario, convirtiéndola en una de las personalidades radiales favoritas del público puertorriqueño.

La veterana locutora es egresada de la Universidad del Sagrado Corazón, en Santurce, Puerto Rico, donde cursó estudios en Comunicación General Gerencial. Actualmente reside en Gurabo, Puerto Rico junto a su familia. Se desempeña también como conferencista enfocada en motivar, fortalecer la vida de familia y la autoestima de la mujer a través de sus propios testimonios de fe.

Información de contacto:
lauramercadooficial@gmail.com
facebook lauramercadooficial
Instagram lauramercadooficial
www.lauramercadooficial.com
www.yaperdísuficiente.com
Tel. 787-222-0007